Pingxiang Nanzhengjie

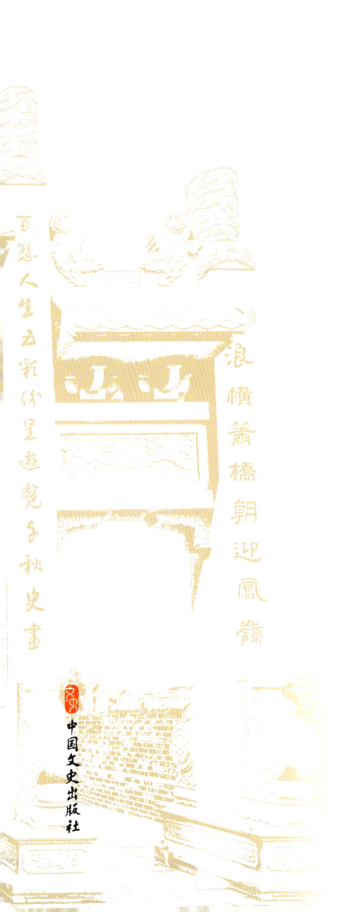

萍乡南正街

萍乡市政协文化文史和学习委员会
政协萍乡市安源区委员会
萍乡市城市建设投资集团有限公司 编

中国文史出版社

图书在版编目（CIP）数据

萍乡南正街/萍乡市政协文化文史和学习委员会,

政协萍乡市安源区委员会,萍乡市城市建设投资集团有限

公司编. -- 北京：中国文史出版社，2021.10

ISBN 978-7-5205-3211-2

Ⅰ.①萍⋯ Ⅱ.①萍⋯ ②政⋯ ③萍⋯ Ⅲ.①城市道

路－文化史－萍乡 Ⅳ.①K295.65

中国版本图书馆CIP数据核字（2021）第196940号

责任编辑：王文运　　　　　装帧设计：尚俊文化

出版发行：中国文史出版社

社　　　址：北京市海淀区西八里庄路69号　　邮　编：100142

电　　　话：010-81136606　81136602　81136603（发行部）

传　　　真：010-81136655

印　　　装：廊坊市海涛印刷有限公司

经　　　销：全国新华书店

开　　　本：710mm×1000mm　1/16

字　　　数：190千字

印　　　张：14.25　插　页：16

版　　　次：2021年11月北京第1版

印　　　次：2021年11月第1次印刷

定　　　价：68.00元

油画《萍乡古城》(陈锋作)

今日南正街

萍乡孔庙大成殿

萍乡刘氏宗祠

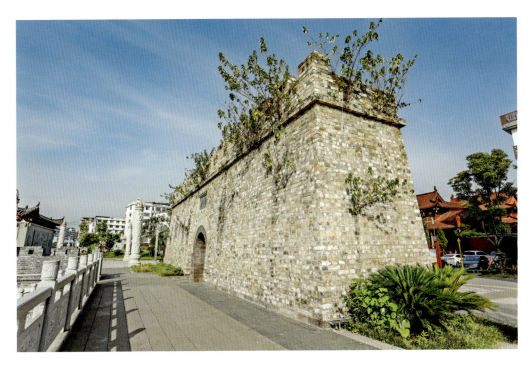

禹　门

萍乡鳌洲书院

安源新貌

萍乡市行政中心

南正街夜色

前　言

　　有着 1700 多年郡县历史的萍乡，素有"湘赣通衢""吴楚咽喉"的美誉。若要问及萍乡何处是商贾文明的发源地，何处能体现历史文化的灵魂，答案不言而喻，是南正街。

　　南正街——一条逾千年的老街，伴着一条碧波荡漾的萍水河，是江南古镇萍乡城的名胜景点。长仅 880 米的街巷，承载着萍乡千年的记忆。始自三国时的萍实桥，始自唐代的孔庙，沉默的明代古城墙，清代的禹门，是无法复制的人文符号。这里曾书声盈巷，翰墨染河，粉墙黛瓦。从这里走出的文廷式、刘天浪、黄海怀、傅白芦、胡国根、王达人等文化精英，代表了萍乡深厚的历史文化。南正街商贸发达，曾是萍乡最繁华的城市地标，萍城最古老的商号云集于此，湖南、湖北、浙江、福建等地商人蜂拥而至。南正街美食林立，杨胡子米面、麦芽糖、桂花糖藕，尽是老萍乡的味道，代表了萍乡最地道的特色美食。

　　然而，随着时代变迁和城市发展，曾几何时，南正街的地位和作用逐日下降：低矮的危房，稀少的南北来客，惨淡经营的零星店铺……曾经的辉煌不再，南正街成了典型的危旧房集中区，变为萍乡城市形象的一道

"硬伤"。为进一步完善城市功能，改善城市环境，顺应人民群众对美好生活的向往，2015年，萍乡市委市政府果断决策，作出了"把南正街打造成为我市历史文化街区、城市防洪水系景观带、畅通交通要道和城市绿色休闲大道"的重大决定。经过五年的筹备和建设，2020年1月，这条百年老街涅槃重生。

南正街的改建是市委市政府献给萍乡老百姓的民生大礼包。改建后的南正街，重点保留了萍乡孔庙、萍城桥、亨泰桥和禹门等历史建筑，历史老街、城墙和凤凰池等风貌重现于世人面前。以萍乡历史故事情节贯穿整个街区，集儒家和市井文化于一体，最大限度地将历史与现代融合，成为有深厚文化底蕴的旅游、休闲、购物特色街区，也成为亮丽的城市名片、文化名片、旅游名片、商业名片。

南正街是萍乡的历史文化瑰宝，这里集古河、古桥、古巷、古宅于街区之内，融风韵、风物、风霜、风情于历史之中。它是萍乡人民宝贵的精神财富，它所蕴含的"勇于开风气之先"的传统，也是萍乡城市发展和创新的动力源泉。将南正街保护好、传承好、发展好，是每一位萍乡人肩上的责任与使命。

市政协组织有关人员编辑、出版《萍乡南正街》一书，恰逢时宜，很有意义。它既是一部宣传古城灵魂、人文传统和民俗风情的资料史书，也是一本历史与现实交融的古街展示册，具有较高的可读性、观赏性和史料性。

记录历史，传承文化，吾辈所愿。希望通过这本书，能让广大读者更完整地了解南正街的昨天和今天，更深入地感悟这座城市数千年的文化底蕴和内涵，留住乡愁，并进一步铸就萍乡现代化建设所需的传统元素、时代风尚和城市精神。

目 录

历史记忆

悠悠文脉

繁华商贸

市井风情

古街新生

歷史記憶

萍乡建制变迁

◇ 萍乡市档案馆

　　萍乡乃古之吴楚咽喉，今之赣西明珠，是一座有1700多年历史的文化古城。

　　早在5000多年前的新石器时代，萍乡就有三苗族在此生产劳动和繁衍生息。

　　西周，萍乡属扬州。

　　春秋，萍乡属吴国。

　　战国，萍乡为楚地。

　　汉高祖刘邦时属豫章郡，为宜春县地。汉武帝刘彻元光六年（前129年），萍乡属宜春侯国。元鼎五年（前112年）废宜春侯国，复为豫章郡，萍乡属于宜春县地。

　　三国早、中期，萍乡为吴国扬州豫章郡宜春县地。吴帝孙皓宝鼎二年（267年）设立萍乡县，属安成郡，为豫章、庐陵、长沙三郡接壤地区。当时，萍乡县治设在今天的芦溪县古岗（今芦溪县古城村），境辖今芦溪县、上栗县的大部、安源区、湘东区。现在的萍乡莲花县境当时则随着历史的变迁分别属于广兴、安复、泰和、安福、永新县等属地。

晋武帝司马炎泰始、咸宁年间（265—280），萍乡隶属宜阳郡（为避郑太后讳，改宜春为宜阳）。晋太康年间（280—289），分安成郡隶属江州，萍乡县亦属江州。此后，从南北朝的宋、齐、梁到陈，萍乡属江州安成郡，一直未变。

隋开皇十一年（591年），废安成郡置袁州，萍乡归袁州管辖。隋炀帝大业年间（605—618），改袁州为宜春郡，萍乡隶之。

唐武德二年（619年），县治从芦溪古岗迁至萍乡凤凰池。武德五年（622年），改宜春郡为袁州，萍乡县隶之。贞观元年（627年），全国划分为10道，萍乡属江南道袁州。开元二十一年（733年），江南道分东西两道，萍乡属江南西道袁州。天宝元年（742年），复改袁州为宜春郡。唐乾元二年（759年），又改宜春郡为袁州，萍乡隶之。

五代十国，萍乡先为吴国（907—937）属地，后为南唐（937—961）属地。

宋，萍乡属江南西道袁州。

元至元十三年（1276年），萍乡属江南西道袁州安抚司。翌年，袁州安抚司改为总管府，隶属湖南行省，萍乡属袁州总管府。至元十九年（1282年），萍乡属江西省袁州总管府。元贞元年（1295年），萍乡由县升格为州，隶属袁州路。至正二十四年（1364年）七月，改袁州路为袁州府，萍乡属之。

明洪武二年（1369年），全国废行省，萍乡由州改为县，隶属江西布政使司袁州府。

清顺治二年（1645年）直至清亡，萍乡属江西省袁州府。

民国初年，萍乡仍属袁州府。民国元年（1912年）冬，废袁州府，萍乡直属于省。民国3年（1914年），全省划为豫章、浔阳、庐陵、赣南4道，萍乡属庐陵道。民国15年（1926年）废4道，萍乡直隶于省。民国

21 年（1932 年），全省划分为 13 个行政区，萍乡属第八行政区。民国 24 年（1935 年），全省划分为 8 个行政区，萍乡属第二行政区。

1949 年 7 月 23 日萍乡解放。刚解放时设有萍乡市和萍乡县，9 月撤市留县，隶属袁州分区。1950 年 9 月，隶属袁州专区。1952 年 9 月，袁州专区和南昌专区合并，名南昌专区，萍乡隶属南昌专区。1959 年 1 月，南昌专区改名为宜春专区，萍乡隶属之。1960 年 3 月 19 日，省委、省人委决定建立萍乡市，属省管辖，仍保留萍乡县建制，市、县合署办公。

1960 年 9 月 30 日，国务院召开的第 104 次会议决定，设立萍乡市，撤销萍乡县，以原萍乡县的行政区域为萍乡市的行政区域，由宜春专区代管。

1970 年 3 月 10 日，经国务院批准，萍乡市改为省辖市，行政区域不

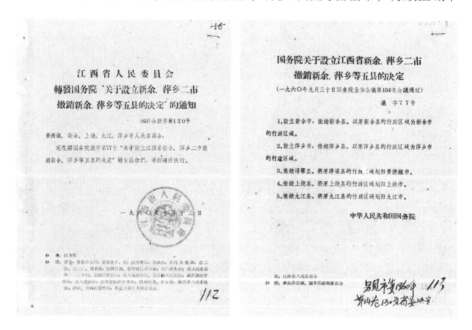

1960 年，设立萍乡市的有关文件

1970年，萍乡改为省辖市的有关文件

变。1971年经江西省革命委员会批准设立4个区。

　　截至2014年2月7日，萍乡市总面积3823.99平方千米，辖安源、湘东两区和芦溪、上栗、莲花三县。另有1个国家级经济开发区——萍乡经济技术开发区管委会，1个国家级风景名胜区——萍乡武功山风景名胜区管委会。

　　2016年4月，市政府大院由凤凰池搬迁至玉湖东路新行政中心（今市政府所在地）。

南正街：萍乡的历史时光轴

◇　黄光君　谭学琳

南正街，是一条沉积着萍乡历史文化记忆的古街，也承载着这座城市的时代变迁，是一条萍乡的历史时光轴。

一条老街承载千年历史

据史料记载，清乾隆四十九年（1784 年）绘制的萍乡地图上，南正街被叫作"下街"，真正叫南正街是民国时期。解放初期，南正街与正大街被合并称为正大街。南正街始建于何年，尚无确切史料记载，一般以知县唐谔将县治迁至凤凰池的唐武德二年（619 年），作为萍乡城区历史计程的起点。从那时起，如今的南正街这一带应该就开始建设了。

南正街是一条老县衙门前呈东西方向的街道，历来是商贾云集的"商业中心"，也见证了这座城市的政治权力更替与历朝历代沉浮兴衰，留下了凤凰池、萍乡古城墙、禹门、孔庙、文廷式旧居、黄海怀旧居、通济桥、达秀桥、亨泰桥、仙桂桥以及再往南的鳌洲书院、聪明泉等历史文化遗址。

萍水河与南正街旧貌

历史上南正街商贾繁荣，据宋代刘克庄《萍乡》诗中描述："闻说萍乡县，户户有绢机。"说明当时萍乡手工纺织业发达，布市兴旺。北宋魏泰《东轩笔录》中记载，殿直（侍从武官）范延贵因公事路过萍乡县，他说："自入萍乡县境，驿传桥道皆完葺，田莱垦辟，野无惰农。及至邑，则廛肆无赌博，市易不敢喧争。"可见萍乡在宋代的交通、市容、民风和市场管理都不错，给路过此地的中央官员留下了吏治清明的好印象。明万历十二年（1584年），御史马文炜、袁州知府陶之肖来萍乡视察，当年城墙开辟了四门，东向称来阳门、南向称达秀门、西向称连湘门、北向称通楚门。南正街在来阳门和达秀门之间。

南正街，见证了这片土地上人们繁衍生息与文化传承的过程，书写了无数可歌可泣的历史故事，文廷式写下了"吾州水激山雄峻，会有高才扣角歌"的诗句。今天南正街整体改建，又展示了一个改革开放大时代的辉煌。

南正街古迹遗址历史渊源

——凤凰池的来历。据中国社科院考古研究所唐际根研究员考证研究，萍乡城市历史上主要有三座古城：一是田中古城，二是芦溪古岗古城，三是凤凰池古城。三座古城演绎了萍乡城市历史脉络，而凤凰池古城是最主要的历史见证。关于宋代知县郑强开凿凤凰池以去民眼疾的故事，一直被传为历史佳话。

————**孔庙的历史渊源**。萍乡孔庙是在中国已知的 22 座孔庙中兴建较早，也是江西省保存最为完好的孔庙。始建于唐武德年间，为唐萼倡建，故址在萍乡市南正街的宝积寺后，宋代的朱熹还曾来此讲过学，并题写了明伦堂的匾额。北宋时兵毁。自南宋后经过八次迁建，清顺治十年（1653年）重建，现存建筑为清雍正十二年（1734年）所建。萍乡孔庙 1987 年就被评为省级重点文物保护单位。早在 1981 年时，萍乡孔庙就被辟为萍乡市博物馆，在大成殿西侧的训导斋和明伦堂内，还有萍乡古代文明陈列馆。2010 年，萍乡市博物馆迁出孔庙，搬至新址，孔庙则变成了博物馆的一个分馆，时常举办一些关于孔庙文化的展览。

————**鳌洲书院的历史来由**。随着孔庙的建立，好学之风在萍城传扬。宋代朱熹创立正式的教育制度，萍乡书院林立，其中最为有名的是鳌洲书院。据《昭萍志略》，清乾隆二十三年（1758 年）段贵所撰《鳌洲书院记》

鳌洲书院

记载："萍乡城南萍实桥下里许，有洲长二里，广可十余丈，如鱼昂首波浪中，旧名金鱼，以其形修且若鳌然，又曰金鳌。"明万历二十二年（1594 年），知县陆世绩在金鳌洲建"占鳌阁"，取"独占鳌头"之意，并供奉文昌神于其中，作为学堂传授礼教。后被毁坏了。康熙四十八年（1709 年），知县贺邦桢不忍视其破败进行重修，"召僧入供，并奉佛于后堂"。到乾隆二十一年（1756 年）知县沈廷标率领乡贤绅士在旧址上进行重建，并加盖学舍，更名为"鳌洲书院"，堂舍命名为"敬业""乐群"。乾隆四十七年（1782 年）知县胥绳武重建，改堂舍名为"观水""冠山"。道光元年（1821 年）知县甘恪任重修。直到光绪三十二年（1906 年）清廷下诏"停科举，兴学堂"。乾隆年间的萍乡知县胥绳武就曾经这样写道："阁下以为堂，堂远对晴峰，蕴藉可人，前有深院，春风小柳，秋日初芙，绿意红情，一叶一文心，一花一诗味"。

——禹门的历史来由。据考证，"禹门"是萍乡古城墙中的一个门。萍乡古城墙的修建，应该是在 619 年将萍乡县治搬迁到凤凰池以后。萍乡有记载的正式大规模修筑城墙是在明正德七年（1512 年），由县令胡佩主持。当时的城墙还是以土木为主，从今天的北桥老粮食局处开始，沿着广场路一直到今天西门一带。到明万历十二年（1584 年），开始全面将土城墙改建为砖城墙。然而这一改建就是 260 多年，直到清道光六年（1826 年）才全部改造修建完成。修建后的城墙绕城一周，周长 3274.7 米，墙厚 10 米，顶端有 1270 个垛口。墙上设有东、南、西、北、小西五座城门，外加城楼，而为了方便居民取水，在南正街另开了两个小门，这就是"水门"和保存至今的"禹门"。

"水门"的取名自然是可以理解的，那为什么会叫"禹门"呢？根据《萍乡县志》记载，"文庙儒学门前修筑禹门，以挹风气，其上建有木栏"。为什么"禹门"能"挹风气"呢？原来，禹门也是今山西河津市西北龙门的别称，相传为夏禹所凿。此处水险浪激，相传鱼如果能够逆流越过此处就可化作真龙，于是有了"鲤鱼跃龙门"的典故。而在古代，人们时常将读书人考取功名比喻为"鱼跃龙门"。出于这个美好的寓意，于是将文庙门前不远处的城门命名为"禹门"，希望萍乡能够人才济济，文风鼎盛。

随着时代的浪潮不停地更迭，萍乡的古城墙也于清末民初遭到了毁坏，而南正街的一些居民就以古城墙为墙基搭建房屋，"禹门"也因为隐藏于居民住房之间的缘故，幸运地得以保留下来。

——南正街四古桥的历史由来。 南正街有四古桥，分别是通济桥（北桥）、亨泰桥（东门桥）、萍实桥（南门桥）、仙桂桥（香溪桥，即小西门桥）。修路架桥是一个城市文明进步的历史印记。亨泰桥始建于宋代郑强当县令时期，当时叫馆埠桥，直至清乾隆四十九年（1784年）改为石桥，改名为亨泰桥。受郑强影响，知县郭涛于宋绍兴七年（1137年）首建城北通济桥。仙桂桥则是由知县龚舆在宋庆元年间（1195—1200）始建，开禧年间（1205—1207）县尉赵彦经手改建成石桥，更名为香溪桥。萍实桥建设是最早的，五代时杨吴置，《方舆纪要》卷87载，萍实桥"以楚昭王得萍

通济桥

实而名"，桥跨县前河上，后圮，明朝初期复建。这四座古桥不仅过往了萍乡这座城市繁衍生息的一代一代子民，更过往了这座城市的历史变迁。

南正街的厚重人文历史

　　——历史文化名人的足迹。南正街作为萍乡古县衙门前最繁荣的政治文化中心，留下了许多著名历史人物的足迹。为此，在南正街改造建设中专门建设了一尊萍川流韵石碑群雕长廊，记载他们的历史足迹，其中包括韩愈、文天祥、黄庭坚、杨万里、汤显祖、袁枚、丰子恺等。"萍川古韵"群雕人物选自唐、宋、元、明、清至民国来过萍乡并且留下诗篇的文化名家代表，墙上刻的是其旅萍名作，宛如从浩瀚历史长河中飘然而来，驻留在萍川之畔，让人品赏这些文化名人的美妙诗篇，领略"弦歌遍一城，家有读书声"的风情。

　　据统计，《萍乡古诗》一书中的非萍乡诗人有 157 位，书中收入他们的作品 200 余首。其中有不少著名人物，如：唐代有文学家韩愈、刘禹锡，宰相张九龄、房玄龄，著名诗人李群玉、僧齐己等；宋代有诗人和书法家黄庭坚，著名诗人词家范成大、杨万里、姜夔，诗词家、诗论家刘克庄，理学大师朱熹，抗金名将张孝祥，民族英雄文天祥等；明代有哲学家王守仁、王夫之，理学家邹守益，戏剧家汤显祖等；清代有文学家袁枚等。

　　唐元和十四年（819 年），韩愈迁袁州刺史，其间路过楚昭王庙，作诗《楚昭王庙祀》："丘坟满目衣冠尽，城阙连云草树荒。犹有国人怀旧德，一间茅屋祭昭王。"宋代杨万里有诗云："哦诗浑忘路高低，忽怪松梢与路齐。准拟醉眠萍实驿，驿西西去更山西。"宋崇宁元年（1102 年）三月二十二日，黄庭坚自荆州来萍省兄，时年 58 岁，与五峰山密老友善，有诗词互和。黄诗《送密老位五峰》："我穿高安过萍乡，七十二渡绕羊肠。水边林下逢衲子，南北东西古道场。五峰秀出云雨上，中有宝坊如侧掌。去与青山作主人，不负法昌老禅将。栽松种竹是家风，莫嫌斗绝无来往。但得螺蛳吞大象，从来美酒无深巷。"宋末元初，文天祥作《赠萍乡道士》："道上观行人，半似重相见。古云性相近，性岂不如面。万形本一性，万心方一殊。世固难绝圣，亦恐难绝愚。"明代汤显祖的《送客萍乡》系其为萍乡籍好友而作："宜春春酒凤箫回，暮雨朝云玉女堆。归到笔花应五色，聪明泉上读书来。"清代袁枚作《萍乡纪事》："远望碧桃盛，不知何家村。停舟褰裳住，颇闻书声喧。柴门教学子，列坐何彬彬。闻有江南客，欣然喜动颜。"现代漫画家丰子恺于 1938 年 1 月 6 日受萍乡学生萧而化的热情邀请，旅居彭高萧氏祠堂共计 54 天，其间创作了不少漫画和诗词。

——文廷式与黄海怀旧居。南正街最耀眼的历史文化之星当属在这里土生土长的文化名人文廷式与黄海怀。文廷式（1856—1904），字道希、芸阁，号纯常子、罗霄山人等，江西省萍乡市花庙前（今属安源区八一街）人，清咸丰六年（1856 年）生于广东潮州，成长于官宦家庭，清光绪十六年（1890 年）榜眼。中国近代著名爱国诗人、词家、学者，在甲午战争时期主战反和，并积极致力于维新变法运动，是晚清政治斗争中的关键

人物之一。1898年戊戌政变后出走日本。1904年逝世于江西萍乡。黄海怀（1935—1967），江西萍乡人，当代著名二胡演奏家、作曲家。他的二胡作品在发展传统演奏技巧的同时，大胆借鉴西洋音乐的手法，因此既具有本民族的特色，又有一定程度的推陈出新。其代表作品为二胡曲《赛马》，为新中国成立以来最杰出的二胡作品之一，直到今天仍盛传不衰。

——南正街殷实的商业历史文化底蕴。南正街在历史上是一条繁荣的商业文化街，许多老字号商铺是有故事的。如南门桥头春和生药店就曾为井冈山红军送过药，有一个革命同志被杀害，成为烈士，其故事被后人许金焰写成小说《秘密小道》，后改成电影《智斗美女蛇》，可见这些老字号商铺恢复也很有意义。南正街商业历史文化是南正街历史文化的重要内容，据《昭萍志略》等史料记载，南正街的老字号商铺有30余家，其中包括南货店、布店、鞋店、药店、书店、餐饮店等。

南正街的历史叙述

◇ 陈 菲

　　南正街肇始于唐代，1300多年来在这条街上演绎了多少历史的风云、时代的变迁，也演绎了多少世间的故事、市井的逸闻。

　　逐水而居，这是富于智慧的祖先所遵循的生存法则。由此，唐武德二年（619年），萍乡知县唐萼将设在今芦溪镇古岗的县治，迁移至凤凰池，选择此地的主要原因是萍水蜿蜒而过，适宜人居。县署邻近萍水，起着辐射作用，前后左右逐渐兴建商店和民居，伴随而来逐渐形成街巷，人流量越来越大，市井气越来越浓郁。经唐、宋、元三朝，萍乡日益经济繁荣，人口稠密，被朝廷列为上等县，元朝时曾经升为州。

　　明朝以前，萍乡县城未建城垣。明太祖朱元璋未夺得江山时，采纳皖南儒士朱升提出的"高筑墙，广积粮，缓称王"的建议，在建立明朝以后的第三年，开始大规模筑建京师南京城墙（其中就有萍乡烧制的城墙砖保存至今）。由于朱元璋的示范影响，上行下效，地方上陆续筑建城墙。明正德七年（1512年），萍乡知县胡佩奉命筑土城，后经四次续修。土城墙环绕县署后面的西北方向（旧时称原萍乡煤校那一带为土城里）。明万历十二年（1584年），都御史马文炜、袁州府同知陶之肖，奉命监督沿萍水筑建砖城墙，培石基，拓马道，周长918丈5尺，高1丈5尺，阔9尺。土、砖连接一体的城墙开辟四门，东称来阳门，南称达秀门，西称连湘门，北称通楚门。又辟小西门，以便民往来。东南加辟三个小门，便于民众汲水。孔庙前辟禹门，以振文气。翌年，知县姚一理又沿河增筑护城石堤，并留有《新创砖城墙增设护堤记》。至此，萍乡城西北南有土城墙，东南向临水有砖城墙，环抱着护卫繁华的中心城区。

现在人们称呼的南正街，历来的范围是指如今改造一新的南正街石牌坊（后连达秀桥）为起点，往左方向直至南门桥的这一段街道。据史料记载，明代的萍乡县城划分东南隅、西隅、北隅，那时的南正街称为西隅大街。明嘉靖三年（1524年）孔庙改建于西隅大街，即现今所在地。南正街在清代称为中街，在民国的一段时期称为下街。民国22年至24年（1933—1935）纂修的《昭萍志略》中，"街巷"部分介绍是按照当时的称呼所记载，下街指包含河口巷、武官巷这一段街道。据1980年纂修的《萍乡市志》记载，民国时期县城有街（巷）道，其中凤凰池街、北正街、正大街、西大街、南正街等较为宽坦，店铺密集。据笔者所知，凤凰池街指原市政府大院老门面对的那条直达东门桥的街；北正街指原市政府大院老门左边那条通往北门桥的街；正大街指原市政府大院老门右边那条抵达今八一路口的街；西大街指今八一路；南正街指今八一路口通往南门桥的街。《萍乡市志》所表述的这几条街道，应是20世纪30年代后期至40年代的称呼，当时是县城商业繁荣、人口集中的主要街道。

据《萍乡市志》所载，新中国成立后，1950年8月萍乡县行政区划设置城市区，包含6街：新生街、西大街、东山街、北正街、南外街、正大街。据笔者所知，其中正大街指原市政府大院老门右边那条一直通往南门桥的街道，包含了新中国成立前的正大街和南正街。1952年改城市区为萍乡镇。萍乡镇的数十年历史中，原南正街隶属其他的街道。1983年，撤销萍乡镇，设凤凰街、八一街、后埠街、东大街、丹江街等街道，原南正街属凤凰街街道的范围。1985 年设置城关区凤凰街街道，下辖 12 个居委会，其中包含原南正街的河口下、武官巷两个居委会。后改为安源区一直到现在，原南正街仍属凤凰街街道范围。

南正街肇始于唐代，1300 多年来在这条街上演绎了多少历史的风云、时代的变迁，也演绎了多少世间的故事、市井的逸闻。历经悠悠岁月，如今南正街遗存的古代旧迹，仅有邻近的千古不易的萍水，以及古老建筑萍实桥、萍乡孔庙，见证着南正街历经的沧桑、积淀的厚重。

萍实桥俗称南门桥，始建于三国时期宝鼎年间（266—269），也就是在今芦溪镇古岗始设萍乡县期间。世代废兴，重建五次，《昭萍志略》载有清道光年间文人张堉春《重修萍实桥记》、清同治年间知县刘世伟《重修萍实桥记》，以及清乾隆年间文人李彬《萍实桥石栏记》。现存之桥为清同治三年（1864 年）重建。古代萍水水量丰沛，是县城通往外地的重要水道，商船可直达湖南，萍水南正街段设三个石砌码头，各种货物在此装卸。清康熙年间萍乡文人罗淳祚留有诗作《萍实桥忆古》：

客到桥南别有情，吴时萍实晋时名。
群山树色平依槛，一道江流曲抱城。
浅渚静余春草碧，水鸥闲逐暮云轻。
共谁细数千年事，隔岸商船笑语声。

诗中展示城南古桥，树色依槛，江流抱城，水边春草，逐云水鸥。这是一幅多么美丽的萍水景色图画，隔岸商船传出朗朗的笑语声，于美丽的景色之中又彰显了古时南正街的商贸繁荣。

萍乡孔庙始建于县城迁移的唐代，历经更迭八迁，择地六建，明嘉靖三年（1524 年）改建于现今所在地。后又经 17 次修葺、2 次重建，现存

南门桥

之孔庙于清雍正十二年（1734年）重建。《昭萍志略》载有清康熙年间知县孟宗舜《重建萍乡县学记》、清乾隆年间教谕张司直《新修学署记》和知县胥绳武《学宫记》。清嘉庆年间萍乡文人文槐写有《孔庙槐荫》：

> 古木亭亭绕泮池，由来摧折复新枝。
> 花开夏日迷朱槛，叶护秋蝉咏绛帷。
> 树老不偕凡卉并，根盘应有达人知。
> 胶庠瑞气征灵异，定十三公占凤旗。

诗中描述孔庙古木亭亭，泮池碧水，花开夏日，叶护秋蝉；赞颂孔庙呈现瑞气，兆亦灵异。孔庙是萍乡文脉的象征，萍乡历来崇文重教，文风鼎盛，英才辈出。孔庙位于南正街，旧时每年举行隆重的祭孔典礼，街内民众纷纷前来朝拜，尤其是学子们更是虔诚有加。笔者发蒙读书时，祖父领着到距家不远的孔庙跪拜，然后送至附近的萍乡小学（今萍师附小）读一年级，至今记忆犹新。

　　笔者出生于南正街，在此生活近 20 年才离开，与南正街有着难以割舍的关联。如今年近八旬，怀旧之情日深，恋故之意愈烈，每当走过南正街，都会唤起年少时的种种回忆，尤其是看到改造一新的南正街，更是抑制不住心中的激动与自豪。

　　深深地祝福南正街，深深地……

萍乡"道台衙门"小考

◇ 朱隆起

当时把袁、临兵备道的管理机构设在赣西边陲萍乡，足见萍乡地理位置的重要。

"道台衙门"在旧时属于今天地市一级行政单位的办公场所，而萍乡历来是县一级行政单位，为什么会有"道台衙门"？这要追溯一段历史。

民国32年（1943年）秋季，我13岁，考取萍乡鳌洲中学初中普科一年级，当时设在北门外青草冲的鳌中校本部，校舍不敷使用，校方便将我们这批普一新生安排在鳌中农科（二部）就读。农科地址在今萍乡商城对面，原市人民医院住院部所在地。父亲送我去报到时，进得城来，打听鳌中农科设在什么地方，知情者说设在道台衙门。经路人指引，过西大街（今八一路），转小巷子，才找到学校所在地。那时，现在跃进南路人民公园门口，经军分区至萍乡商城之间，是一个茅草丛生的山包，无路可通。萍乡商城的地名叫土冲里，挖了防空洞，每当躲日本飞机的警报响起，我们这些学生便在老师的带领下，随大伙一道，飞快地跑到防空洞里隐蔽起来，直到警报解除才回到学校。

考察中国近代史、现代史，随着政权的更迭，行政区域的名称往往发生变更。以江西省为例，清代和民国时期省以下就曾设立过"府"和"道"。例如，今宜春市曾设立过袁州府，今吉安市曾设立过庐陵道，府、道下面辖若干县，萍乡就曾分别隶属袁州府和庐陵道。

可是历史也有插曲。民国元年（1912 年）2 月，清朝最后一位皇帝溥仪被迫逊位。3 月，袁世凯按照南（广东军事当局）、北（北洋军阀）协议，就任中华民国第二任临时大总统，组成北洋政府。袁上任后，一心追求独裁专制，制订了缩小全国行政区域，即"废省设道"计划。根据这一计划，各省督军和行政长官都将随着省的消失而消失，这样便削弱了一部分辛亥革命功勋人物的势力，加大了北洋政府的控制力度。

按照北洋政府的设想，各个"道"设文职"道尹"一人，武职"镇守使"一人。每个镇守使所辖兵力为一个混成旅，最多不超过一个师。试想，在泱泱中国范围内推行"废省设道"谈何容易！只能分期分批实施。北洋政府时期是一个穷兵黩武时期，武力镇压一切，武力管控一切，于是在省以下先把镇守使一职设起来。江西省于民国元年（1912 年）秋设立九江镇守使，戈克安、王芝祥等先后任镇守使一职。

民国 4 年（1915 年）江西省设立赣西镇守使，辖永新、宁冈、莲花、安福、宜春、萍乡、万载、分宜、新余、清江（今樟树）、峡江、宜丰、铜鼓 13 县，其职责是担负边防、绥靖、治安等军事任务，负责镇守一方，行政上可以保荐或撤免县知事。赣西首任镇守使马克耀，河北保定人，镇守使署设袁州（今宜春）。马到任不久，病逝于任上。同年冬方本仁继任赣西镇守使，方是湖北黄冈人。方到任不久，便将镇守使署迁萍乡，将原袁、临兵备道旧址改为镇守使署。

兵备道是明、清时代在各省重要地区设立的军事机构，专管整饬军事，监督军务，必要时直接参与作战。兵备道的长官叫"道员"，尊称

"道台"。袁、临是袁州府和临江府（府治设在今樟树市临江镇）的合称，兵备道专管赣西一带的防务，当时把袁、临兵备道的管理机构设在赣西边陲萍乡，足见萍乡地理位置的重要。老百姓把兵备道官员的办公地点叫作"道台衙门"，"衙门"是旧时官署的称谓。这就是萍乡"道台衙门"的由来，后来又叫"镇守使署"，因为"镇守使署"比较拗口，老百姓叫惯了，"道台衙门"这一称呼便沿袭到民国时期。

袁世凯于 1915 年 12 月称帝，1916 年 3 月被迫取消帝制，恢复中华民国年号，6 月袁因病逝世。袁世凯在位期间，政局动荡，"废省设道"终未推行，但镇守使一职却沿袭下来。方本仁从民国 4 年（1915 年）冬任赣西镇守使，到民国 11 年（1922 年）调任赣南镇守使，在赣西镇守 6 年多。他这个人很会笼络人心，而萍乡县当时出头露面的士绅商贾也有意巴结方本仁。于是，这些人联络筹资 3 万多块银圆（兴贤堂、劝贤堂、乐英堂、乐泮堂、育才堂、尚宾堂 6 堂士绅认筹 60%，商界认筹 40%），于民国 9 年（1920 年）建成一座园林，命名为"方公园"，地址在旧县署（原市政府所在地）后面，占地 100 余亩。园内建有一座砖木结构的礼堂，堂内用 24 根合抱的木材支撑罩亭。20 世纪 20 年代中期，北伐取得胜利后，将"方公园"改名"中山公园"，将礼堂改名"中山纪念堂"。

新中国成立后，1954 年笔者从美昭区公所调萍乡县计划委员会工作，当时县人民政府大院仍然保留着接收国民党政权县政府大院的原貌，办公楼的主楼为两层木板楼，后面是葡萄架子和两边的厢房（办公用），再往后加建了 8 间砖瓦结构的平房做办公用房（后升为二层），办公楼的后院就是原来的"中山公园"，园内仍保留了许多花木（我们听说园内曾立有方本仁的铜像），县政府礼堂仍然是原来的"中山纪念堂"。那个年代，我们这些县直机关干部参加机关干部会、三级干部会、四级干部会等规模比较大的会、听报告都在"中山纪念堂"。直到 1958 年"大跃进"年代，才在政府院内加建一幢三层水泥结顶的办公楼（"文革"前升至五层），至今犹存。并将"中山纪念堂"拆除，在原址建成县政府礼堂。萍乡转市后，通过陆续改建，到21世纪初，原县政府院子的布局已完全改观。

赣西镇守使在方本仁之后，继任者依次为肖安国（湖北江夏人）、岳兆麟（安徽砀山人）、李鸿程（河北河间人）、唐福山（山东历城人）。民国15年（1926年）9月6日北伐军进驻萍乡，唐福山逃之夭夭，宣布赣西镇守使一职的终结。此后，赣西镇守使署先后拨由萍乡裕民银行、萍乡农民银行、萍乡鳌中二部、萍乡县人民医院、萍乡市人民医院等单位使用。

斗转星移，世事沧桑。如今，道台衙门、赣西镇守使署、方公园、旧县署等均已成为历史，只不过在萍乡土生土长且年届耄耋的老人们心中还留有深深的记忆。

古城墙和萍水河的变迁

◇ 刘 兴

　　萍乡的古城墙和萍水河，像一对孪生姐妹，相依相偎，共存共生。城墙的坚实躯体，守护着万千百姓；萍水沿着城墙脚日夜流淌，滋养着两岸生灵。

　　古城墙建于明万历十二年（1584 年），长 918 丈 5 尺，高 1 丈 5 尺，宽 9 尺。东南西北四方，分别称为来阳门、达秀门、连湘门和通楚门。沿着萍水河，穿越整个城区，绵延数公里。城墙用巨大的砖头砌成，水门墙基则用石条砌接，十分结实厚重，历经数百年而不毁。

　　在城墙中段，上水门和下水门之间，萍水河来个急转弯，形成了一个 C 字形的巨大的回水湾。经过长年累月泥沙的冲积，城墙内居民垃圾、杂物不断倾倒填充，不知经过多少年月，沧海变桑田，回水湾变成了一块很大的狭长陆地。于是便有人陆续在此圈地建房种菜。中间的大块陆地，则被染布坊和豆豉店用作晾布和晒豆豉之用，被称为"豆豉坪"。南侧是陈姓五老倌的住房菜地和黄仁记中药铺老板建的一幢三层楼豪宅，用墙围着，很是气派。后来，一个姓邓的铁匠带着一家老小，在下水门码头上面

历史记忆

023

依城墙而建的吊脚楼

的城墙脚下，建起工棚，架起烟筒炉子，并盖几间平房，开起打铁作坊。

　　而在城墙内，商家住户的房屋都建在已拆毁的城墙脚下，背靠城墙建成街市。20世纪30年代，笔者父亲在武官巷对面城墙脚下，租了一处二层住房，二楼后门正好与城墙挨着，小时候我们经常到城墙上去玩耍。后来家里人口增多，父亲又雇工拆了房后一段十多米长的城墙，下面作为厨房、厕所，上面建成阳台晒楼。经过长年累月的不断拆城墙建屋，不过几十年，城内数公里长的城墙地上部分，便渐渐被蚕食殆尽。唯一留存下来的，是下水门码头上通道的一座石拱门，它夹在两幢房屋的下面，孤零零地见证岁月沧桑。现在，城墙的地基部分，还可以在北门桥到东门桥地段和南门桥到文昌宫的河边看到。

　　而从下水门到小西门的整条吉星街，房屋都直接建在城墙上，临河面都开着大窗户，便于直接用吊桶提水，十分方便。但每逢涨大水的时候，汹涌的河水涨到离窗子只有二三尺的距离，家家户户都是提心吊胆，惶惶不可终日。好在城墙坚固牢靠，从未发生过墙毁屋倒的事故。

上水门和下水门两个大码头，用大块的条石砌成，从地面直至河面，有几十级阶梯，是居民洗衣浆纱、挑水洗菜之地，也是来往船只装卸货物的聚散地，从早到晚，人来人往，十分热闹。

早年间，萍水河水深流急，清澈见底。满载货物的大木船和打鱼的竹筏子，来往不断，货船顺流而下，经过湘东河段，直达湖南渌口。

我家后面的河边，经常有等待货物的木船停泊。生活在船上的小孩，长期漂泊在水上，缺少与人的交往，十分孤独寂寞。船主们便经常邀请附近岸上的小孩，上船去陪伴玩耍，我也去了两次，有机会了解这些水上人家的生活。

船上的甲板，擦得油光闪亮，一尘不染。中间是住宿的地方，上面有半圆的篷子，用来遮阳避雨，可前后移动。船尾则安放炉灶，煮饭炒菜，令我们感到新奇。

在那没有公路、铁路的久远岁月中，萍水河的水路运输成了与外部世界连接的重要通道。但在 20 世纪 40 年代以后，河水变浅变窄，水上运输中止，运货木船已不见踪影。

今日下水门一带

新中国成立后，土地收归国有，那些原来占据在回水湾陆地上的住户、菜园的主人，纷纷搬离这片经营多年的风水宝地。随后在上面陆续建造了一些单位的家属宿舍和药材公司的制药车间，成了另一番景象。

　　20 世纪末，市政府对萍水河进行大规模的治理。经过十几年的努力，往日杂草丛生的荒滩野地，变成了宽阔的马路和花木繁茂的绿化带，一栋栋高楼拔地而起，成为人们安居乐业、休闲散步的黄金地段和城市新景观，受到市民的称赞。

　　2015 年以后，市委市政府顺应民意，对南正街临河的棚户区进行了整治改建，这里成为亮丽的文化景观带和老百姓的休闲好去处。

萍乡古代知名县令

◇ 萍乡市史志工作办公室

路入萍乡信马行，野花香好不知名。官卑无补公家事，时向田间问耦耕。

萍乡县治自唐武德年间迁至凤凰池，至清末，志书所载有名有姓的县令（知县）近300名，但有传者甚少。其中，不少县令（知县）因政绩突出，受邑人爱戴，祀"名宦祠"，如唐武德年间县令唐萼、宋景德年间知县张希颜、宋宣和五年知县郑强、宋淳熙二年知县王谦、宋淳熙七年知县孙逢吉、何异，明洪武二年知县杜谷珍、明永乐六年知县何正、弘治十七年知县张时孜、嘉靖三十五年知县杨自治，这10人可谓是萍乡古代知县中流芳千古的好县官。现从萍乡旧志中摘录部分知名县令事迹如下：

唐　萼

唐萼，唐武德间令萍乡。唐武德二年（619年），将萍乡县城从芦溪古岗迁到今萍水河边凤凰池一带。始建学于县南宝积寺左，倡建孔庙。萍乡孔庙是中国已知的 22 座兴建较早的孔庙之一，也是江西省保存最为完好的孔庙。

张希颜

张希颜，宋景德间知萍乡。时张咏守金陵，范延赏为殿直，押兵过金陵，咏问曰："天使沿路来，曾见好官员否？"答曰："昨过袁州萍乡县，有邑宰张希颜者，虽不识之，知其为好官员也。自入县境，驿传、桥道皆修葺，田畴皆垦辟。至县则塵肆无赌博，市易不喧争。夜宿于邸，闻更鼓分明，以是知其必有善政也。"咏叹曰："希颜善矣，天使亦好官员也。"即日同荐于朝。后为发运使。

黄大临

黄大临，字元明，江西修水人，北宋文学家黄庭坚之兄，1100—1105年间为萍乡县令。他为政宽厚，主张无为而治，并将住室题为"唯是斋"。据《昭萍志略》记载，黄大临任萍乡知县期间，"心切爱民，或讽其过慈。大临曰：'字民令职也，岂其操三尺法与百姓仇敌哉？'提举张根行部雅闻其贤，折节礼下之。"

黄大临有诗作《入萍乡道中》，很好地体现了他的理政观念："路入萍乡信马行，野花香好不知名。官卑无补公家事，时向田间问耦耕。"

他离开萍乡后，萍乡百姓曾为他在凤凰街立生祠。

郑　强

郑强，字南美，侯官人。宋崇宁五年（1106 年）进士。

宋宣和五年（1123年）郑强由国子监博士调任萍乡知县，在任职期间，他见民众多发眼病，一边劝慰延医诊疗，一边苦苦寻求根治之法。据民间传说与实地察看，了解到萍乡城区地形似凤凰，且有迎风岭，便寻思百姓患眼疾是否凤凰双目不明亮之故？于是决定在县署大门前不远处左右对称开凿两眼池，波光粼粼，象征凤凰双目清澈明亮，名曰凤凰池。也许是心诚所致，果然民众眼疾渐去。后来，凤凰池成为萍乡一景。地方志书《昭萍志略》记有民众立祠祀奉郑强事迹及宋人、明人记录郑强政绩的文章，称赞郑强"君子洁己从仕，行斯道以济斯民"。

陆世绩

陆世绩，字汝嘉，邳州人，明万历元年癸酉科（1573年）举人，明万历二十年（1592年）出知萍乡知县，任期至万历二十六年（1598年），共7年。

陆世绩任萍乡知县期间，做了不少实事。其"精明果断，爱士恤民。葺文庙，置祭器、书籍；辑县志，建占鳌阁。县例，照米编差，余米入官，绩编差之后，余米尽蠲，士民颂之"。

陆世绩也是一位热爱萍乡的文人，任萍乡知县期间，作有《武功山射虎行》《昙华寺》《占鳌阁》等13首诗和一篇序文。

尚崇年

尚崇年（1663—1709），字绳其，号介轩，辽东海城人，于康熙二十二年（1683年）任萍乡县知县。20岁就任萍乡知县，33岁离任，成为萍乡史上就职年龄最小、任职时间最长的知县。

尚崇年在经历明末清初多年战乱后，刚刚平定"三藩之乱"之时上任，面对民生凋敝，百废待兴的局面，"抚流亡，建常平仓以备积储，除供亿之需，以惠商贾。萍故有志，经八十余年未修，搜罗遗佚，纂辑成书……勋胄英年，遇事明断。"

胥绳武

胥绳武（1757—1808），字燕亭，山西凤台（今山西晋城）人。清乾隆四十二年（1777 年）拔贡。乾隆四十五年（1780 年）至四十九年（1784 年）任萍乡县知县。

胥绳武是功臣之后，出身于官宦世家。年轻时颇具才名，他与当时的名儒袁枚和名士蒋知让之间多有来往，后也以《萍乡竹枝词九首并序》闻名于世。胥绳武年少负才名，性格刚强，不畏强权，对驻足萍乡的上级官员、权贵从不低声下气、阿谀奉承，并在吏治方面除暴安良、断案公允无私，维护百姓权益。在文教方面，通过毁淫祠、兴学宫，将民间祠庙用于办学。

胥绳武在破除民间杂祀的同时，也把理学家周敦颐列入鳌洲书院祭祀的"六贤"，建龙神庙、昭王庙、社稷坛、风雨雷电山川坛等恢复官方正祀，还修补了城墙，增建了县署，并费尽心力主持修纂了乾隆版《萍乡县志》。

乾隆四十九年（1784 年）十一月，江西巡抚伊星阿上书将萍乡知县胥绳武革职。从其被罢官后所作的《萍乡行》中，可以看出胥绳武被罢免后萍乡士民对此事的惋惜与惊叹。诗云："谁料滋咎戾，翻令他事牵。解官辞署出，民意仍拳拳。哀尔疮痍形，病者渐以痊。我作萍乡行，聊当鸿雁篇。萍人勿多讶，宦途难具论。"

顾家相

顾家相（1853—1917），字辅卿，浙江会稽人，史学家、金石学家。光绪二年（1876 年）进士。顾家相曾两任萍乡知县，头一次是光绪十四年（1888 年）九月，就任萍乡知县。顾家相任萍乡县令期间，"注重文化，文学优长；喜谈制艺，理法精密。每月鳌洲课士，必扃门而试，限即日纳卷，亲自评阅。念士多寒隽，设法宽筹鳌洲经费，俾资膏火，士林感激，愈加奋励。又以邑境辽阔，道远难于应课，檄士绅于邑东芦溪濂溪学舍，改作书院。邑北栗市，倡建栗江书院"。

光绪十九年（1893 年）二月，顾家相因萍乡境内大安山区爆发起义、被责"事先失于防范"而免去萍乡知县职务。光绪二十一年（1895 年），萍乡大旱，为了赈灾，经地方士绅要求，顾家相又于光绪二十二年（1896 年）复任萍乡知县。光绪二十五年（1899 年），顾家相主持修建了江西省第一条铁路——萍（乡）安（源）铁路。顾家相在萍乡前后十年，"新政繁兴，开办煤矿、萍醴铁路；民智未开，动多龃龉。选用邑绅，劝谕多方，功以渐就，亦无敢阻格者。"

文家大屋：
大革命时期的中共秘密联络站

◇ 文自真

九娘子找到守门的石老汉说："万一有生面孔的人，闯入了文家大屋，请大叫一声：'九娘子，门口有菜卖。'"

这个故事发生在 1926—1928 年，也就是第一次国共合作成功进行北伐，到蒋介石在上海发动"四一二"反革命政变之后的第二年。

萍乡县城内有一繁华地段，这就是义井坊花庙前。它处于正大街和西大街（现改名为八一东路）接壤之处。这里有座百年老屋，聚居着文氏家族的一大群子孙。由于文氏与南宋民族英雄文天祥同出一脉，加上在近、当代历史上，文氏族人中又涌现了一批像文廷式这样的爱国志士、像文群这样的社会名人，因此文氏族人所居住的房子——文家大屋，也就成为萍乡百姓心目中的"书香门第"和"名门望族"的代名词。

文家大屋确实是一所名副其实的大屋。占地面积大，楼房平房参差不一，房间多，巷道多，住户也多，据解放初期统计已超过 50 户人家。熟悉这大屋的人，在里面走家串户，十分方便。对于第一次走进这大屋的人来说，简直就是进了迷宫，进去了一时还走不出来。大屋有前门、侧门和后门，与外面的街巷相通。前门和二门之间，住着一位姓石的单身老汉，他受文家聘用，看门护院打扫公共场地，闲下来便坐在二门旁编织草鞋，以卖钱增加一点收入。

在文家大屋西向的几间厢房里，住着四房文从谦一家。女主人是肖秋英，因从谦在"从"字辈中排行第九，秋英也就被众人称为"九先娘"或"九娘子"。这位九娘子，聪明能干，乐于助人，热情好客，遇事有主张，是位受人尊敬人缘很好的家庭主妇。她还怜贫惜苦，同情穷苦之人。比如，她见守门的石老汉是位孤老，便总是将自家一些旧衣衫送给他，能穿的便让他将就着穿，不能穿的供他打草鞋用。石老汉十分敬重九娘子，九娘子有事请他帮忙，他一定照办。

1926 年九娘子娘家侄儿肖保璜身染肺病，从北京大学休学回到萍乡。一边治病，一边在萍乡中学任教国文。作为姑妈，九娘子十分喜爱这个从小失去父母的侄儿，这次侄儿身患疾病，更是心疼他。于是经常叮嘱保璜来家里，为他弄点好吃又富有营养的食品补补身体。保璜也很喜欢自己这位贤能善良的姑妈。保璜家住彭高桥尚鹤岭，每日赴萍中教书往返也不太方便，于是保璜便经常吃住在文家大屋的姑妈家中。

保璜在北京大学系统地接受了马克思主义，并加入了中国共产党。回到萍乡后，即与陈铁铮（孔原）、邓贞谦、董师固等共产党人联络并开展革命活动。

由于保璜经常食宿在文家，他的一些马列主义书籍及宣传资料，也随之带进文家大屋，并交姑妈为他秘密收藏。

九娘子之子文之纲已长大成人，17 岁的之纲十分亲近保璜表兄，更羡慕表兄学识渊博、品行高尚。由羡慕到崇拜，因此之纲事事都仿效保璜，非常信任保璜，真可谓言听计从。保璜也发现之纲聪明好学，思想开放，富有正义感，具有追求真理的精神。表兄弟朝夕相处，之纲渐渐悟出保璜

历史记忆

033

干的是大事业，是为国为民的大好事。表兄弟心心相印，形影不离。表弟紧紧追随表兄，表兄也有意培养表弟，一步步地引导表弟走上了革命的道路。

有一天保瑝对姑妈说："我别无他求，只希望我们表兄弟能走同一条道路。"这是保瑝向姑妈表明心迹的一段话。姑妈也心领神会，知道侄儿是想将之纲培养成革命者。姑妈是位深明大义、有胆有识的女性，她坚信侄儿所做的事情是正确的，同时也明白闹"共产"是有危险的，但她却毅然答应了侄儿的要求，只是叮嘱侄儿要格外小心，办事要隐秘些。

保瑝常住文家大屋姑妈家，常来姑妈家找保瑝的其他革命者中，邓贞谦、董师固也是亲戚，贞谦是九娘子表弟，董师固则是她的堂妹夫，陈铁铮又是保瑝的好友。这样便自然地，而且事实上已在文家大屋形成了共产党人的联络点。九娘子积极掩护和帮助自己的亲人及革命同志进行秘密活动。

文家大屋住户多，人员杂，各家各户都有亲友经常交往走动。九娘子家的这几位亲友常来常往，一点儿也没有引起别人的特别注意。在第一次国共合作期间，设在九娘子家的这个中共秘密联络站，气氛平和，众人都认为是九娘子好客，所以来往客人多，没人觉察出有什么异常活动。

这种平和状况在"四一二"反革命政变之前一直持续着。反革命政变之后情况就发生了变化：许克祥的反动军队占据了萍乡，白色恐怖笼罩萍城，中共党员随时有被捕杀的危险。因此保瑝和他的同志便隐秘地出入文家大屋了。风声太紧时便暂时藏匿起来。这时他们的联络方式也由直接联系改由交通员来沟通。有一醴陵人，脸上稍有点麻子，不论天晴下雨，手中都少不了一把油纸伞。他一来便问九娘子："之纲在家吗？"如果在家，他便进屋与之纲在纸上简要交谈，谈完后把纸烧掉，旋即离开文家；如果之纲不在家，他也不会多说一句话立刻就走。九娘子从这些举动中，知道革命者遇到了危难之事。为了更好地保护革命者和交通员的安全，九娘子想出了一些应急的措施和及时通报信息的办法。九娘子找到守门的石老汉说:"万一有生面孔的人闯入了文家大屋,请大叫一声:'九娘子,门口有菜卖。'"石老汉听懂了九娘子的吩咐,点头应允了。九娘子又对之纲说,如果外面有动静,你们赶快收场,想法藏匿别处,或从后门撤离文家大屋。我给你们报信的方法是用"响鸡杂"(竹子一端劈成几片,只要一敲地下,便发出响声,萍乡一带的人,用来吓跑进屋的鸡群)不断敲地,嘴里发出"哦拾、哦拾"的赶鸡呼喊声。这些应急的办法果然奏效,好几次反动派的侦探闯进文家大屋,结果都无功而返。在白色恐怖中,文家大屋的联络站,仍坚持了数月的联络工作。直到1928年上半年,文之纲在萍城西门外的长兴馆开会,被叛徒告密而被捕,这时才决定撤销此联络站。九娘子家被抄家,幸好保璜他们留下的一些马列著作及宣传品,九娘子藏匿得当,未被查获。随即九娘子意识到这些资料很难继续藏匿,于是偷偷地付之一炬。

在这以后,保璜、之纲(出狱后)相继离开萍乡去了上海。邓贞谦1928年4月被捕。被捕前他来文家大屋,九娘子对他说:"表弟,现在风声紧,你一定要注意安全。"贞谦笑着回答说:"姐,放心吧,我脸上又没'共产党'三个字。"6月初贞谦被反动派绑赴萍城大西门外英勇就义时,又经过文家大屋门前,九娘子听见表弟高呼口号的声音简直是心如刀绞。后来董师固也遭敌人通缉,他便隐蔽到了分宜,1930年参加红军,同年战死于吉安。

这是一段鲜为人知的历史故事,现在把它记录下来,让世人更全面地了解文氏家族在大革命中和"四一二"反革命政变前后,帮助共产党人进行革命所作出的一些贡献。

(作者根据祖母肖秋英生前讲述的资料整理撰写)

历史记忆

南正街上的赣西采运处

◇ 萍乡市史志工作办公室

　　赣西采运处成立后，即以"春和生"药店为中心，在根据地指示下开展一系列灵活多样的活动。

　　革命时期，在南正街上有个秘密的赣西采运处，负责在萍乡并往长沙等地采购药材、布匹等紧缺物资，运往井冈山。这个采运处成为当时沟通苏区与白区的一条秘密通道。

　　湘赣边界秋收起义后，毛泽东率工农革命军进军井冈山，建立了革命根据地。中共中央和湖南省委得知毛泽东所部工农革命军在井冈山活动，便设法与之联络，并力图将井冈山的斗争同周围各县的革命运动联系起来，以推动湘鄂赣粤四省暴动。在安源市委的努力下，湖南省委同井冈山的联络于 1928 年春经安源和莲花县沟通。1928 年 5 月下旬，中共湖南省委机关移驻安源后，在安源建立了交通局，主要任务是担负中央、省委和湘赣边特委与井冈山之间的交通传递文件，护送过往干部和去井冈山参军的工人，转送党的活动经费，采运各种紧缺物资等。1928 年 8 月，湖南军阀何键率军队袭击安源，安源交通局遭破坏。袁德生于 11 月底带《井冈山前委对中央的报告》的重要函件和交通经费回到安源，获悉湖南省委机关已撤往上海，于是他径直去上海找党中央。1929 年三四月间，按照党中央和湖南省委指示，袁德生回到萍乡重建交通联络点，恢复交通局。

袁德生从上海回到萍乡，完成建立交通联络点的任务。在安源筲箕街恢复交通局，并在萍乡全境分设交通站，形成交通网。恢复后的安源交通局地下交通线主要有5条：一是安源经五陂下、南坑、宗里、官陂至莲花、永新；二是安源经南坑、崇源、白竺、柏树下至攸县；三是安源经芦溪、宣风、宜春至中共中央所在地——上海；四是安源经长平、上栗市至湘鄂赣苏区；五是安源经黄土岭至栋铺。安源再次成为井冈山与中共中央、湖南省委联系的外围枢纽。

同时，在萍乡县城南正街的"春和生"药店建立了秘密的赣西采运处，负责在萍乡并往长沙等地采购药材、布匹等紧缺物资，运往井冈山。任命"春和生"的二老板、共产党员程海存为主任，直接受袁德生领导。为了协助程海存工作，苏区还派了熊纯恒、熊守恒等同志到"春和生"药店当伙计，专门负责药材的采购、装篓、打包等工作，药店的门市员则由程海存的弟弟程乐生等可靠的亲戚担任。赣西采运处与苏区的联络以及物资的运送均由莲花县苏维埃负责，由莲花红色独立团的经济委员陈介福（后任湘赣省苏维埃邮政局长）具体分管，苏区洋桥石下村农协主席蓝家云、陈际鹏等担任联络员，蓝福光任交通员。至此，一条沟通苏区与白区的秘密通道基本形成。赣西采运处成立后，即以"春和生"药店为中心，在根据地指示下开展一系列灵活多样的活动。

程海存主要负责"采"。采运处采购物资的种类包括布匹、中西药材、芒硝、雄黄、硫黄、钢材、文具纸张、白砂、红漆、刨锯、油印机、电话机等。首先，联络员蓝家云在陈介福处带着苏区的指示、经费和购物单秘密出山，途经朝阳山、老山、龙家坊、马套子、斑竹岭等地去萍乡购买物资。为了不被敌人发现，他在萍乡县城近郊哥哥蓝家恩家住下，然后将采购单和购物款交给赣西采运处交通员蓝福光，蓝福光再告知程海存，彼此间单线联系。程海存接到购货单和经费后，即对不同物资种类采取不同方法购买。一般非禁物资直接到商店购买,中西药材通过药界同行关系购买;军用物资及禁品则通过地下党组织采取内外结合的办法套购。采购的地点,在萍乡有惠丰祥商店、友文堂书店、民济西药店、金沈一布店等;如萍乡买不到就到长沙、武汉等地与党组织取得联系,设法购买。为了货运的绝对安全,程海存在武汉沈家庙建立"长其祥客栈",作为与地下人员联系点和采购装运物资的储藏地点。他还在醴陵清水江开设了一个药铺,作为接应湖北、湖南各地物资的中转点。采购好的物资全部以中药材的名义打包,印上"春和生"药店的号记,由火车运至萍乡,再在"春和生"楼上秘密拆包装篓,大件变小件,以便担运。工作就绪后,程海存便通知蓝福光等聘请信得过的挑夫运送到莲花。同时,井冈山设在永新、宁冈的交通站,与湖南省委直接发生联系,由湘东特委转接,交通员至少每三日来一次安源。

蓝福光主要负责"运"。采运处先后开辟6条运输路线:1.萍乡经南坑至莲花九都;2.萍乡经源滋、浒岭至莲花九都;3.萍乡经万龙山、宜春草鞋耙至安福苏区;4.萍乡经醴陵清水江任麻神至永新苏区;5.萍乡至长沙黎家坡地下联络站;6.萍乡至汉口沈家庙"长其祥客栈"。每月运货2—4次至井冈山,每次少则10多担,多则50多担。由于白区沿途哨卡林立,封锁严密,为使物资安全送达,蓝家云与蓝福光等人想方设法隐蔽过境,有时将货放在做了隔层的粪桶里;有时用麻袋装货时上面铺一层辣椒;有时货物体积稍大点就放在轿子里抬过去。他们多采取在天黑时,趁敌人防守不严时摸过去;有时也采用买通哨兵的办法。物资送到莲花后挑夫即刻返回,再由莲花党组织派人送往井冈山根据地。

1932年6月,因叛徒出卖,赣西采运处遭到破坏。自1929年正式成立起至1932年6月遭到敌人破坏止,历时3年,赣西采运处为苏区采购了大量的军需和生活用品。在井冈山根据地时期,为支援根据地的革命斗争和建设,粉碎国民党的经济封锁作出了重要贡献。

张学良在萍乡

◇ 朱隆起

"1937 年 11 月 20 日，经南昌，抵高安住宿一晚，21 日中午到达萍乡，落脚在赣西饭店。"

张学良

1936 年 12 月 12 日，张学良与杨虎城对蒋介石实行"兵谏"，逼蒋抗日，史称"西安事变"。事变发生后，在中国共产党的斡旋、调停下，获得和平解决。张学良亲自送蒋介石回南京。可抵达南京不到 5 天，蒋背信弃义，扣留张学良并组织军事委员会高等军法会，以"张学良首谋伙党，对于上官为暴行胁迫，判处有期徒刑 10 年，褫夺公权 5 年"。之后，国民政府发布特赦令：所处 10 年有期徒刑本刑，特予赦免。仍交军事委员会严加管束。实则对张学良进行了长期幽禁。1937 年 11 月，张学良从黄山移徙至萍乡。

在萍乡住了两个月

　　1937 年 11 月 21 日，张学良在宪兵一个连和特务队的押送下来到萍乡，此时陪同张来萍乡的是夫人于凤至。张首先住在当时萍乡比较繁华的衙前街（即历代萍乡县署和解放初期县政府大门前的街道），靠东的尽头转弯处萍乡一流的旅社——赣西饭店（后改名萍踪旅社，解放初期改名昭萍餐厅，即今天的萍乡复明医院和安源区国家税务局所在地），在二楼开了 6 个房间，张氏夫妇被安排在中间房间，特务队全体队员分住两旁的房间，完全是便衣警卫，宪兵连全部住在附近的一所学校里。据张学良日记记载："1937 年 11 月 20 日，经南昌，抵高安住宿一晚，21 日中午到达萍乡，落脚在赣西饭店。"据特务队队员邱秀虎的回忆文章《张学良被囚琐记》（载全国政协文史资料研究委员会《西安事变资料选编》第三集）记载："1937 年初冬，从黄山出发走了两天就到萍乡，这时由外地逃来的难民很多，街上秩序有点乱。我们一时没有住处，就在萍乡城内最热闹的一条大街上，找了一家名为赣西饭店的大旅社，在二楼开了六个房间，暂时住下。"

　　当时萍乡城区不大，北、东、南直至小西门以萍水河为界（前人描绘萍乡有"一道江流曲抱城"的诗句），城西则仅限在老火车站和土冲里（今萍乡商城）以内。街道也不多，只有北正街、正大街（衙前街）、南正街、西大街、吉星街相连。城区附近也没有开发出知名的名胜古迹，在萍乡游览了几个地方，便没有外出。张学良爱好运动，尤其喜欢打网球，萍乡又没有网球场。居住拥挤，连象棋也很少下。张感到苦闷，偶尔也去街上走走，买点自己喜欢的日用品，或者搞些室外活动消愁解闷。据萍乡二中老教师张有余回忆，他曾听到张在土冲里一个柑子园内（即后来的江西工业工程技术学院所在地）打过猎的传说。曾在萍乡《群报》工作过的熊痕戈同志说，他曾听说张与夫人在鳌洲中学（设萍乡南门桥头的乐英堂内，开通跃进南路时此房已拆除）打过乒乓球。更多的时候，张学良在室内读书，研究明史。

1938年1月下旬，军统局来电，命令特务队队长刘乙光等押送张学良立即赶到湖南郴州。此时，张的表情很沉闷，叹了一口气，对身边的人说："唉，日本人打来，比我们跑得还快。我们还没有住定，又要奉命跑了，跑远一点好啊。"说着，就去看墙上挂的地图，不住地摇头。接到命令后，特务们帮张学良收拾行装，由于交通工具是专用留下的，只用一天时间便准备就绪，一行人分乘七八辆汽车，张氏夫妇坐轿车，物品装卡车，押送人员坐客车，向郴州方向进发。

据张学良自述："因抗战军兴，上海吃紧，南京撤退，战况屡生变化。我先后曾迁到过皖之黄山，赣之萍乡，湘之郴县、永兴、沅陵，黔之修文、贵阳，蜀之重庆。最后于三十五年（即1946年）冬移居到了台湾。"可见其颠沛流离、心力交瘁的流放过程。

萍乡游览之地

据张学良日记记载：

"11月24日，萍乡有一大成图书馆，小有规模，图书馆管理人员告知萍北杨岐山有刘禹锡所题写的唐代禅师之墓碑，现尚完好。"

"11月27日，昨有一教书先生告余，三侯庙有一阳也先生，能知咎。我们步行十余华里至大田村三侯庙来访这位阳（欧阳也）先生，知他是一位斋公，在此一方有点势力，他不在家，余等空返。"

"11月29日，自赣西饭店迁于绛园，此园为一肖姓住宅，我们租的。"

"11月30日，绛园左邻有一位黄先生，为一大学教授，往拜访，谈甚洽。黄先生告余甘卓故址。下午同刘（按：即特务队队长刘乙光）、许

（按：即特务队副队长许建业）等去芦溪镇（距萍约五十里），谒甘卓庙，登甘卓垒。"

"12月4日，同刘、许等乘自行车去安源，行约十五里抵矿区，遇该矿工程师张某，系营口人，比国（按：即比利时）留学生，带余等入矿洞参观，归来已黄昏。"

"12月10日，乘自行车游洞口泉（按：在湘东镇甘泉村），约二十余里，洞深大，可容千人，归来已夜八点矣。"

"12月11日，早访黄先生问古迹，彼言在东区有一禅台（按：在芦溪镇东阳村），驱车游之，无可观游处。"

"12月12日，同凤至（按：即张的夫人于凤至）、步先生（按：即蒋介石派人从北平请来为张学良讲授国学的步先生）大家游星子石（按：位于离县城数里的一座小山，犹似天上落下的陨石化作的巨石，故名），山边流水清澈，景色宜人。野餐。"

住所被列为"张学良旧居"

在萍乡，张学良初来时住的旅社，因过往人员多，不便于保密和保安，刘乙光动员大家上街去找房子。结果在城内一个比较偏僻安静的巷子内找到一所房子，叫绛园（地址在原市政府家属院内李子园），仿古宫殿式建筑，在萍乡当时算是最豪华的了。房主肖君绛，萍乡彭高人，武汉大学数学系教授，房子很大，只有眷属三四人住在家里，将肖家的二楼7个房间全部租下，供张学良和特务队员居住，楼下3间做饭厅和公用，每月租金为法币160元。宪兵连和汽车司机、助手则移驻鳌洲中学二部（农科）校舍，地点在原市人民医院住院部。在绛园住的所有人员都穿便衣，连宪兵连的哨兵也改穿便衣游动，对肖家只说是"军委会"的，肖家只知道住了一个大官，到底是谁，并不知道。张学良时年36周岁，身穿学生

绛园——张学良旧居

装，人虽有气质，但萍乡人不认识他。绛园曾做过市人大常委会办公楼和机关幼儿园，经过整修恢复原貌后，于2005年1月挂牌列为市级文物保护单位，保留"绛园"名称，上书"张学良旧居"。

丰子恺与南正街

◇ 兰　侠

　　昨夜客窗春梦好，不知身在水萍乡。

　　丰子恺（1898—1975），浙江桐乡石门湾人，著名漫画家、文学家、音乐家、教育家。

　　1938 年 1 月底，著名漫画家丰子恺先生因日军战机轰炸上海，上海沦为孤岛，携家眷避难西行去桂林，经过萍乡时受弟子萧而化邀请，移居彭高暇鸭塘萧家祠堂，共计 54 天。

　　萧而化，彭高人，作曲家，后任台湾师范大学音乐系主任，是台湾音乐教育的创始人之一。萧而化有一位族叔叫萧君绛，是当时的国立武汉大学数学系教授。1937 年，萧君绛回到萍乡，在城区凤凰池附近择地修建了一座私人宅邸，取名绛园。

　　丰子恺先生在萍乡住了一个多月，曾多次受邀造访绛园，留下一轴《绛园图》和三首诗。

　　《绛园图》是赠给绛园主人萧君绛先生的，画的右端有丰先生的题词："巨宅镇国土，讴歌致太平。君绛先生惠存，二十七年二月子恺时客萍乡"，题词后盖有丰氏印章。整个画面展示出典型的子恺画风，用笔明快，着墨简洁，充满浓郁的生活气息，体现出萍乡的地方风情，题词中的"讴歌致太平"，含有抗日守土、讴歌太平之意，与丰子恺写于绛园的诗句一脉相承。此图现存萍乡市博物馆。

丰子恺

丰先生逃难到萍乡后，有感于颠沛流离的生活，曾作诗三首。其中一首诗曰："昨夜春风上旅楼，飘然吹梦到杭州。湖光山色迎人笑，柳舞花飞伴客游。楼阁玲珑歌舞地，笙歌宛转太平讴。平湖角鼓催人醒，行物萧条一楚囚。"

另一首诗是以女儿口吻所作："儿家原住古钱塘，也有朱栏映粉墙。三五良宵团聚乐，春秋佳日嬉游忙，清平未识流离苦，生小偏遭破国殃。昨夜客窗春梦好，不知身在水萍乡。"

还有一首词，应是他全家乘舟从萍水河继续西行时所作，即《高阳台》："千里故乡，六年华屋，匆匆一别俱休。黄发垂髫，飘零常在中流。渌江风物春来好，有垂杨时拂行舟。惹离愁，碧水青山，错认杭州。而今虽报空前捷，只江南佳丽，已变荒丘。春到西湖，应闻鬼哭啾啾。河山自有重光日，奈离魂欲返无由。恨悠悠，誓斩妖魔，雪此冤仇！"

旧曲重闻，何人不起故园情

◇ 陈　娅

　　走在南正街，只见千百年来的萍水河未曾改变，环抱着这座城市。而岸边的风景，却有了美丽的嬗变，新旧融合，意趣横生。

　　南正街，沉淀着这座城市过去时光的记忆，又承载着这座城市历史文化名片的期待。作为本土传统商业与市井文化的载体，南正街如山川久远，又如草木初生。

　　在清乾隆四十九年（1784年）绘制的萍乡地图上，南正街被人们叫作"下街"，南正街是其在民国时期的名字。解放初期，南正街与正大街被合称为正大街。

　　这条街始于何时？查阅资料，历史上无明确年份可考。本地乡贤、南正街文化顾问组组长李远实先生说："初唐武德二年（619年），知县唐萼将县治迁至今市区所在地。或许从那时候起，南正街就自然而然地开始形成。"

　　南正街是一条东西向的街道，历来是商贾云集的"商业中心"，且毗邻历代政治中心，涵盖了萍乡古城墙、禹门、孔庙等历史文化遗址。千百年来，临水而建的南正街最得萍乡城山水、人文之精华。

在宋代，萍乡的丝织业就很发达，刘克庄在《萍乡》诗中描述："闻说萍乡县，户户有绢机。"那时候的南正街，也许有不少抱布贸丝的人来来往往。北宋魏泰《东轩笔录》中记载，殿直（侍从武官）范延贵因公事路过萍乡县，他说："自入萍乡县境，驿传桥道皆完葺，田莱垦辟，野无惰农。及至邑，则廛肆无赌博，市易不敢喧争。"可见萍乡在宋代的交通、市容、民风和市场管理都不错，给路过此地的中央官员留下了吏治清明的好印象。南正街作为萍乡的中心商业街道，其市场风气可见一斑。

明万历十二年（1584 年），御史马文炜、袁州知府陶之肖来萍乡视察，督促知县沈君校建筑砖城墙。当年城墙开辟了四门，东向称来阳门、南向称达秀门、西向称连湘门、北向称通楚门。南正街在来阳门和达秀门之间，被城墙与江流曲抱。清代杨垣的《城南即景》中描绘当时的城南："可爱城南外，秋光到处逢。渔支江上网，僧撞午时钟。游况添佳兴，诗情寄远峰。沿堤千尺岸，何不种芙蓉。"一个安静温婉的城南跃然纸上。那时的南正街，是这一城江南气质中的生机与活力。

萍乡历史上饱受洪水之害，截至新中国成立前，史料中明确记载的大洪水多达 50 余次，其中宋代 2 次、元代 1 次、明代 14 次、清代 29 次、民国 7 次。新中国成立后也发生过数次特大洪水。这座城池多次被洪水冲毁，又多次重修，清末民国初期十分坚固，以致震动清朝皇室的萍乡壬辰、丙午之役都未能攻入。建于三国吴宝鼎二年（267 年）的萍实桥又名南门桥，这座城市年岁最古老的桥经历了萍乡的洪灾之痛，也见证了萍乡的坚强与进步。

2019 年 7 月 7 日至 9 日，萍乡大地遭遇罕见特大暴雨和持续强降雨，平均降雨量达 253.9 毫米。原本每逢洪水必成重灾区的南正街，由于海绵工程的建设，以及加高了两岸河堤和加固了护栏，在洪灾中安然无恙，两岸百姓欢欣赞叹。

20世纪初期，风起云涌，萍乡开风气之先，成了当时的"急先锋"。作为中国近代工业起始最早的城市之一，李远实说："当时的萍乡，相当于现在的深圳！"遥想当时位于萍乡文化、政治、商业中心的南正街，该有何等熙攘热闹。"东南形胜，三吴都会，钱塘自古繁华。烟柳画桥，风帘翠幕，参差十万人家。"这是宋代词人柳永对杭州的赞叹。当时的南正街，应也有着这般摇曳生姿的市井风情。

"1908年成立的汉冶萍公司是全国第一个现代钢铁联合企业，曾经是亚洲最大钢铁厂。汉冶萍公司总资产2000万两白银，其中萍乡煤矿总资产为1550万两白银，占总资产的60%。成立当年，萍乡煤矿产煤总数53万吨，产业工人近万人。"本土作家张学龙的目光与笔墨一度被晚清的萍乡煤矿所吸引。他说，萍乡煤矿的建立改变了萍乡的面貌。

晚清萍乡人口20余万人，随着外地工人及家属的进入，不久就增加到30余万人。萍乡煤矿带来了经济的发展，数量众多的煤矿工人当时收入颇丰，每到发工钱的日子，矿工们如潮水般地向南正街涌去：到耀华百货店买点东西带给家里的妻子和孩子；到杨胡子米面店吃碗用骨头熬成浓

萍乡煤矿

汤、大安里糯米手工磨浆的米面；再到文明斋油鞋店买双好鞋子，过时过节走亲戚穿着更体面；邱宝成金银店里的首饰十分精致，是城里人、乡下人心头的一个念想。

矿工们路过黄记布店的时候，应该没人会想到，这家布店的孩子黄海怀日后创作的《赛马》《江河水》将闻名全国，成为萍乡人的骄傲。在南正街上长大的黄海怀，受萍乡本土民间音乐熏陶，看到走街串巷的乡下流浪艺人来到南正街，常常从街头跟到街尾听他们演奏。

紧邻南正街的花庙前文家大屋是晚清名士文廷式的祖居。由于文家人才辈出，声望颇高，因此此地被人称为萍乡的"乌衣巷"。1896年8月，文廷式离京回到萍乡后，集股创办"广泰福"煤号，广泰福七厂十八井，是萍乡安源煤矿建矿的基础。除兴办实业，文廷式还力主新学，将书院、祠庙改设为学堂，如将鳌洲书院改成萍乡学堂，濂溪、栗江、南台等书院改成高等小学校等，使萍乡的高等小学分布在全县各地。据记载，当时萍乡的中学生之多，"几为各省、县之冠"，"赴东、西洋留学者时有所闻"。

白云千载空悠悠。斯人已去，人们怀着对文廷式和黄海怀两位先贤的追慕，在南正街为他们设馆纪念，他们的精神、才华将长久地影响和滋养着萍乡百姓。

本土作家陈菲在南正街长大，南正街有他拂之不去的回忆。他在《记忆中的萍乡》中回味儿时印象最深刻的画面：新春正月，各街自发组织"扎故事"表演，如老渔翁和蚌壳精。很多年过去，陈菲还记得"扎故事"中的俊俏女子双手将竹篾彩纸扎制的蚌壳一开一闭，老渔翁作划木桨状，锣鼓吹吹打打，热热闹闹；元宵节晚上耍灯，有长龙灯、茶灯、牛灯、狮灯、马灯等，赢得声声喝彩；街上人家办红白喜事，婚娶时的欢喜、丧礼上的悲戚，以及各种仪式中邻里的守望相助，是南正街的人情世故；街上人家凡有发蒙读书者，往往都会牵着稚童去孔庙朝拜……如此丰富有趣的市井生活，如何不让人回味！

走在南正街，只见千百年来的萍水河未曾改变，环抱着这座城市。而岸边的风景，却有了美丽的嬗变，新旧融合，意趣横生。南正街的设计者与建筑者，将他们对萍乡本土文化历史的尊重与敬意投入其中，重建文化自信与本土价值。来到南正街的人们，如在人文与山水画境中一般诗意地漫游，在此寻回旧时家园的乡愁、聆听城市奋进的足音。

悠悠文脉

萍乡南正街

回忆萍乡读书时光

◇ 陈述彭[*]

教室在大殿左侧的二排平房里，中间夹着大操场，东端五棵高大的梧桐树，给大家带来绿荫和清凉。

泰和庵开始识字

1920 年，我出生在白竺，祖父辈住在湘赣边界上的小山村。父亲是一位中小学教师，曾经在离城五里的泰和（庵）小学任教，我 5 岁就跟着他住在学校里，开始识字。

据说泰和小学是萍乡中学的前身。现在还记得，有一天父亲去上课了，我从睡梦中醒来，去教室找他，一个倒栽葱，跌倒在天井里的花坛

* 陈述彭（1920—2008），著名地理学家、地图学家、遥感地学专家。曾任中国科学院地理科学与资源研究所研究员、遥感应用研究所名誉所长。1980 年当选为中国科学院学部委员（院士），1992 年当选为第三世界科学院院士。

边，磕破了脑袋，鲜血流个不止，于是去庵里要了一些香灰，和着水烟丝敷上，至今头顶上还留着伤疤。

腊树下培英小学

后来，培英小学（总校）迁到腊树下，父亲当校长，我升小学五年级。

我争强好胜，为了争夺全班第一名，就学会了开夜车。半夜从父亲身边偷偷地爬起来，点亮煤油灯，复习功课。用书本挡着灯光，生怕把父亲惊醒。

当时班里的学习风气很浓，我们的作文、图画经常张贴在墙上，作为鼓励，作为示范。

我的同班好友有张来仪、张宗旺，他们后来都是大学教授。来仪和我一道考进萍乡中学初中，继续同班，后来他在中山大学师从林秉南教授——翻译马克思《资本论》的专家，并在厦门大学担任政治经济学教授。宗旺和我先后考入浙江大学，和我在大学同窗。他专攻病虫害学，曾出任中国援助越南防治水稻螟虫的专家。他们作为地下共产党员，曾在危难时期，给予我很多帮助。

我们在培英小学时，在学业上互相竞争，各不相让，但感情上非常融洽。经常星期天三五成群去野游，把同伴们的姓名写在一张小纸片上，装在贝壳中，深藏在岩洞里，表示我们友谊长青，永志不忘。可惜后来我们天各一方，谁也没有机会旧地重游，去找回那些童年的回忆。

插班县立小学

当时萍乡县立中学只有初中，这是全县唯一的公立中学，也是萍乡县的最高学府，每年招生不足百人。我为了提高自己的竞争力，临阵磨枪，由培英小学转到城里的县立小学插班六年级。

插班考试的那天，我在黎明之前从乡间进城，赶路心急如焚，赶到城里，县立小学的老师们正在吃饭，我大吃一惊，埋怨自己怎么走得这么慢，错过了上午考试的时间，老师们都已经吃午饭了。但仔细一看，桌上有炸油条和豆腐脑，我才知道还是早饭。我们乡里人是没有手表的呀！

萍乡县立小学的老师们思想很进步，六年级的班主任梁老师，担任语文课老师，指导我们课外阅读鲁迅先生的杂文。凡是我们模仿鲁迅杂文风格的作文，都给满分。他高兴的时候，还另加 20 分，最高 120 分。后来梁老师参加工农红军，投笔从戎了。

投考萍乡中学

投考萍乡中学的那个夏天，萍乡城里正在流行霍乱。

父亲写了一封介绍信，让我借住在一位伯伯家。我在伯伯家住过一宿，吃完早饭就去萍乡中学应试。万万没有想到，中午再去伯伯家吃午饭的时候，厅堂里停放着三副棺材，这一家全罹难了！

萍乡中学堂

我吓得不敢进门，空着肚子应付完下午的考试。第二天上午还有口试，又不敢回乡下，无可奈何，便买些油炸的薯丝热饼充饥，晚上就躲到一座旧庙里去，睡在神龛前的供桌上。因为我知道，这样减少接触，反而是比较安全的选择。

第二天口试及格，下午发榜，红榜张贴在县立中学（孔庙旧址）大门的墙上，我的成绩并不高，大概是 30 名上下，但总算是被录取了。

下午本来还打算参加另一所私立中学的入学考试，想不到老师把我的名字搞错了，陈是大姓，述是字辈排行，唯一能够标志我的存在的，只是一个"彭"字，偏偏老师把它错写成"鼓"字。唱名领卷进入考场的时候，害得我眼睁睁一直等待到最后一个才纠正过来，让我进入考场。

在这样既害怕又愤怒的心情下，我再也按捺不住自己的情绪，在领到考卷之后，狂妄地在试卷上写下五个大字"老子不考了"表示我的抗议，就飞奔回乡下的老家，扑在母亲的怀里号啕大哭。

县立中学完成初中学业

当时萍乡县立中学的校址在孔庙，我的床位就在孔圣人的大殿里。教室在大殿左侧的二排平房里，中间夹着大操场，东端五棵高大的梧桐树，给大家带来绿荫和清凉。树后是校长办公楼，居高临下，统揽全局。

晚上自修的时候，自备煤油灯，同学面对面坐着，共用一盏灯，轮流买油。我对面的同学家里开银行，比较富裕，知道我穷。有一次我的课本被偷，回家还遭到父亲的责骂。这以后对面同学就不再让我买灯油，唯一的互利条件是交换笔记本和作业本。

我就是借着他的灯光完成初中学业的，当时窗外的无花果树，也许现在还可以为我们的友谊作证。

难忘"茅屋子"老师

陈述彭

初中最令人难忘的是美术老师,我们亲切地称他是"茅屋子"。他对我们的艺术启蒙教育,就是在黑板上画一间茅屋子,启发我们在二维平面上,怎样用三组不同的线条,绘出三维的立体形象。

他有时带我们到郊外去写生,夕阳下的萍乡古城五彩斑斓,引人入胜。我对他佩服极了,如饥似渴地跟他学习素描、水彩、油画的初步技法。老师也为我提供各种纸张、彩色颜料,让我尽情练习。学校校庆时,他还为我专开了一小间展览室。

初中的这些技能训练,让我终生受用不尽。后来我编写《地景素描法》(地质出版社 1957 年出版)和《中国地形鸟瞰图集》(新华地图社 1957 年出版),都是凭借在萍乡中学打下的初步基础。因为科学与艺术的思维本来就是相通的,艺术的熏陶和影响是十分深远的。

当时赣西全省初中毕业会考是在宜春举行的。我直到初三年级还在学习绘画,花费了很多时间,会考的成绩却只是全省第 27 名,老师们对我很失望。但我认为有所得必有所失,不高分,但求多能,萍乡中学初中给予我的素质教育是比较全面的,我至今无悔!

"留学"长沙

当时萍乡县还没有高级中学,我们初中毕业后便面临升学的难关。如果从萍乡去省会南昌,需要乘长途汽车,票价 10.8 元。从萍乡到湖南长沙，火车票只需 1.8 元，于是不少学生都去长沙"留学"。

湖南对萍乡的学生并不见外，比较宽容。我报考湖南省立长沙高级中学——毛主席当年就读的原湖南师范学校旧校址（书院坪）。该校 1936 年录取的萍乡中学学生共 6 名，占总人数的 16%。一般而论，萍乡中学来的学生，数理化和语文的成绩都比较高，只是英语较差。

长高校长吴晦华老师，北京师范大学地理系毕业，入学考试中的地理试题是他亲自命题、阅卷，由于我全部用地图答卷，得到他特别的关注和鼓励。

这两个班自然淘汰很厉害，毕业时只剩 30 多人。我很侥幸，在长沙大火之前就以同等学力考取了浙江大学，然后随校迁到宁乡参加毕业考试，获得了湖南省高中文凭。据说我是萍乡中学"留学生"中的第二人。

文庙：圣殿前的思索

◇ 肖麦青

　　跨过大成门，古朴雅静的庭院在眼前铺开。苍翠葱茏，幽竹掩映，玉兰飘香。两边是长长的回廊，廊前用石柱环绕，大成殿就在庭院的正中轴线上。

　　有人说：《论语》是中华文化的母乳，文庙则是中华文化的圣殿。

　　文庙又称孔庙，也叫夫子庙、先师庙，在古代是封建王朝祭祀孔子的庙宇，后来成为求学入仕的学子顶礼膜拜的地方。孔庙这种建筑，在中国几乎处处可见。公元前478年，即孔子去世后第二年，鲁哀公以孔子故宅三间立庙。这便是中国最早的孔庙，此后历代帝王不断将其扩建。到清代，雍正下诏大修，便成了今天的规模。在曲阜以外建孔庙，则是东晋以后的事。

　　1306年，忽必烈的孙子元成宗在国子监东侧建立国家级孔庙，并由皇帝亲临祭祀。1307年，元武宗加封孔子为"大成至圣文宣王"。此后，京城及各地孔庙的正殿均称"大成殿"。至清末，全国已有文庙1500座之多，现保存比较完好的仍不下300座，如俗称孔氏南宗的浙江衢州文庙、

萍乡文庙

北京孔庙、上海文庙、四川德阳孔庙、山西平遥文庙、云南建水文庙、甘肃武威文庙、福建泉州文庙、台湾台南孔庙、福建安溪文庙、苏州文庙、宁远文庙……其中就有江西萍乡文庙。而萍乡文庙是在全国已知的22座孔庙中兴建较早，也是全省保存最为完好的一座孔庙。

萍乡文庙始建于唐武德年间，为唐萼倡建，故址在市南的宝积寺后。北宋时遭兵毁，自南宋后经过八次迁建，清顺治十年（1653年）重建，现存建筑为清雍正十二年（1734年）所建，为省重点文物保护单位。

步入棂星门，一座传统宫殿式样的建筑巍峨雄踞，气势非凡，端庄沉寂，这就是前殿。红色的院墙，绿色的琉璃瓦，强烈的色彩效果增添了文庙的神圣。

前殿东有名宦祠，西有乡贤祠，而正中就是大成门。门上悬一横匾，上书"德侔天地"四个大字，寓意孔子之仁德可与天地相齐。前殿的梁枋之间，沥粉贴金，描龙画凤，满眼金碧辉煌。厚重的红色木门，斑驳的粗大圆柱，仿佛都渗透着岁月的沧桑。

跨过大成门，古朴雅静的庭院在眼前铺开。苍翠葱茏，幽竹掩映，玉兰飘香。两边是长长的回廊，廊前用石柱环绕，大成殿就在庭院的正中轴线上。殿前檐石柱上云龙缠绕，露台石栏望柱上雕刻的千年龟、千年鹤栩栩如生。露台前的石阶上蟠龙盘踞，精美古朴。大成殿上，一块刻有"道冠古今"的横匾高高悬挂，寓意孔子的思想和精神冠于古今。两边石柱上刻有一副古联：

立儒说施仁爱传德政授弟子万世师表；

删诗书定礼乐修春秋赞周易千秋圣人。

古联总结了孔子的思想和他一生的功绩，显示了人们对这位圣人的尊崇。楚萍之地自古"人文蔚起，硕儒鸿生"，也许正与此有关。

文庙的主体建筑就是大成殿。殿开五间，飞檐龙脊，雕梁画栋，斗拱交错，朱栏漆柱，而最为壮观的是它的屋顶。

中国古代寺庙建筑最为讲究的是屋顶的造型，屋顶本是用来遮阳挡雨、保暖防卫的构筑物，但它却成为中国建筑最为显著的特征。早在周代，人们就将舒展的屋顶比拟为飞鸟展翅，凤凰翱翔。反翘的曲线大屋顶，呈现出灵动向上挺举之势。富有一种情理协调、舒展轻快的韵律美。文庙建筑造型上浪漫的审美情趣和情调与理性精神的结合，使中国的传统建筑开拓出新的境界。

进入大成殿内，正对的是孔子的彩塑神像。面容仁慈，双目有神，让人感受到圣人的睿智。旁边牌位上书"大成至圣先师孔子神位"字样。两千多年过去，人们对孔子的尊崇至今仍在，尊师重教的传统始终相承。环顾四周，孔子神像两侧分别供奉孟轲、曾参、颜回、孔伋等四配的牌位，以及冉耕、宰予、冉求等十二哲的牌位。他们或是一代宗师，或是孔子弟子，都是令人尊崇的先贤圣哲。

孔子是中国唯一一位死后享受皇帝待遇的知识分子。孔子一号大弟子颜渊曾对孔子的学问有过这样的评价："仰之弥高，钻之弥坚。瞻之在前，忽焉在后。"孔子的二号大弟子子贡说得更为直接："仲尼，日月也，无得而逾焉。人虽欲自绝，其何伤于日月乎？多见其不自量也。"

这便是孔子学生心目中的孔子，也是被后代尊为一代圣贤和万世师表的孔子，更是被乾隆封为至圣先师的孔子。至圣，就是至高无上了，看来乾隆不仅是个皇帝，而且是个学者型皇帝。虽然此举是为巩固统治地位的需要，但由此而把儒家之学弄得如此兴旺，委实难得。据资料介绍，目前保存完好的文庙，有大半是清朝重建或加以修葺的。

孔子在 300 年前就已经走向了世界。

早在 17 世纪中期，一位叫利玛窦的传教士就把孔子思想介绍到了西方。

利玛窦在中国生活了 27 年之久，是他首先把《论语》译成拉丁文在巴黎出版，然后又转译成其他文字在西方广为流传。西方出版的《世界上一百个历史上最有影响的人物》一书，孔子排名第五。联合国教科文组织亦将其列为世界上十大历史名人之一。美国《人民年鉴手册》则把孔子列为世界十大思想家之首，他们分别是：中国孔子、希腊柏拉图、希腊亚里士多德、意大利奎那斯、波兰哥白尼、英国培根、英国牛顿、英国达尔文、法国伏尔泰、德国康德。如今，在德国柏林得月园入口处还高高矗立着一座高两米多的大理石孔子雕像，雕像基座上刻有孔子名言："己所不欲，勿施于人。"听说，这句名言曾写入法兰西宪法……

让我再把目光收回到这座圣殿——

抬眼望，大成殿天花板中央有一凹形八角形螺旋式藻井，体现着古代宫廷木构建筑的特点。凝神仰视，仿佛在不断旋转不断变化，给人以时空无限之感，恍若自己的思想能超越时空与两千多年前的孔子对接。

大成殿的西侧就是训导斋和明伦堂，旧时是学子们求学读书的地方，宋代大理学家朱熹还曾来此讲过学。"明伦堂"的匾额，就是朱熹亲笔题写的。

明伦堂曾为萍乡最早的图书馆，名为大成图书馆。它建于1936年，系江西较早建立的县级图书馆。当时馆藏古今图书7万余卷，还有一批名人字画。首任馆长为毕业于日本早稻田大学经济学系、后当选为中华民国第一届参议院议员的萍乡人周达之。

一座将文庙保存得如此完好的城市，定是人文昌隆、文风鼎盛的城市。

萍乡不但城内有书院，乡村也有书院，如南轩、宗濂、濂溪、东轩、鳌洲、南台等11所。"宋登科录，萍著且甚"，"有清一代，侈谈功名"。清嘉庆十五年中，进行了五次全省大比，萍乡有三次得第一名。有年乡试，刘凤诰和颜培天两人同为某科主考官，所以有人撰联记其盛："五科三解元，春色文章增瑞气；一县两主考，金门凤诰培天颜。"

翻开《萍乡县志》，自唐代至清代光绪年间废除科举，萍乡进士就有100人之多。另外还有举人203人、贡生477人。尤其在宋代，出了61名进士。据志书载，宋代大中祥符年间（1008—1016），萍乡人口不过5万多一点，却涌现这么多科举中式者，可见萍乡文风之盛、文脉之旺。另外，萍乡还出了《全唐诗》中标有芳名的萍乡进士唐廪，清代乾隆年间被称为"江西大器"的探花刘凤诰，光绪年间的"榜眼"、晚清四大词家之一的文廷式……

新中国成立之后至现在，萍乡有两院院士10人，教授、学者、作家、艺术家遍布全国。历史选择在萍乡建一座文庙，也许正是萍乡文脉所在。连大理学家朱熹来到萍乡，也曾盛赞文庙规模宏大。

1000多年了，文庙就这样默默矗立于赣省西部一隅，只要稍有点文化知识的人都会为此而自豪。跨进文庙，走在铺着古老方砖的地面上，就好像走进了深不可测的海，登上了高不可攀的山。这是历史留给后人的一座希望工程。在文庙中徜徉，感觉孔圣人就站在前方的讲台上，正滔滔不绝地讲授哲学、历史，讲授忠孝智勇仁义，讲述温良恭俭让……

鳌洲书院逸事

◇ 陈 菲

学子们齐声朗诵："愿与诸生同努力，鳌头咫尺快飞翔！"诗韵在金鳌洲回荡……

鳌洲书院与聪明泉

古代，萍乡县城小西门的萍水之中的金鳌洲一侧，建有一座木桥，名称义安渡，又名芗西桥，连接金鳌洲与对岸的集市。南宋开禧年间（1205—1207），县尉赵彦见经手改建石桥，更名为香溪桥。此后流传民谣："金鳌洲撑香溪桥，玉带不离朝。"意思是说，像金鳌隆起背脊的金鳌洲，洲上撑起香溪桥，萍乡会出身佩玉带的朝官。从金鳌洲过香溪桥往左走数十米，有一处水井。相传，南宋学子叶景武家住附近，他每天清早来河边攻读，读得口干舌焦便手掬井水解渴，一日复一日，文思如泉涌，文才日益长进，于咸淳十年（1274年）考中进士，官至广东副使，印证了民谣所言。由此，人称此井为聪明泉，在萍乡名气很大。

明万历二十年至二十四年（1592—1596），陆世绩任萍乡知县。某日，他来到聪明泉品水，赞叹甘甜。复过香溪桥登上金鳌洲，见四面环水，一片清澈，河对岸青山隐隐，翠色葱葱，他认为此洲乃风水宝地，洲对岸的聪明泉亦为祥瑞。于是，主持在洲上建占鳌阁，祭祀文昌神，并供读书讲学，以启文风，此为鳌洲书院之发端。同时，他又重建香溪桥。由此，金鳌洲成为萍乡县城一景。

> 宜春春酒凤箫回，暮雨朝云玉女堆。
>
> 归到笔花应五色，聪明泉上读书来。

此《送客萍乡》诗，出自明代大戏曲家汤显祖之手。某年某日，一位萍乡人外游途经江西临川，登门拜访友人汤显祖，两人相聚甚欢。饮酒之间，显祖问："临川酒如何？"客人答："不错！我们袁州府宜春县出产的春酒，也与临川酒同样有名。"开怀畅饮，酒酣耳热之时，显祖击节哼唱家乡宜黄腔，客人也从行李中取出排箫吹奏。一番热闹之后，客人说："义仍，你在玉茗堂写出'临川四梦'，风行域中。我联想到家乡的玉女峰，流传哀婉动人的爱情故事。"显祖道："玉女峰？"客人便将天上的玉女下凡与山尖峰下的造纸匠石郎相爱的故事叙说。玉女下凡与石郎相爱，结为夫妻。一年后，玉女返回天宫，石郎被人害死。玉女闻讯悲伤不已，每当思念石郎便飘游至山尖峰上空，泪飞化雨。由此，人称山尖峰为玉女峰，峰上出现五彩云霓状如玉女披衣。显祖说："好一座美妙的玉女峰，好一个深情的玉女披衣！"客人还谈及回乡后专心读书和金鳌书院与聪明泉等。"天下没有不散的筵席。"客人离开前夕，汤显祖写下《送客萍乡》一诗相赠，祝愿友人日后写出五色云锦一般的文章。

七贤祠崇祀名儒

萍水中金鳌洲上现已重建鳌洲书院，七贤祠也重放光彩，崇祀七位宋代名儒。

发轫于明万历年间的鳌洲书院，清乾隆二十一年（1756年）重建，筑堂舍数间。主事者知县沈廷标认为理应设祠崇祀名儒，以激励学子效法。他首先想到入祠者为宋代名儒程颢、程颐、朱熹，再考虑与萍乡有关的名流。于是，他征求本地士绅意见。士绅们提名与朱熹合称为"东南三贤"之一的张栻，此人号南轩，他任职袁州时曾来过下属的萍乡县讲学，由此萍乡设有南轩书院。有人提名萍乡人胡安之，受业朱熹，多所著述，选入《朱子语类》《朱子全书》，曾任萍乡东轩书院主席，其身后入萍乡孔庙乡贤祠。还有人提名周敦颐、钟咏。沈知县反复斟酌，最后确定张栻、胡安之入祠，取名"五贤祠"。由此，萍乡书院历史上首开崇祀名儒之先河。

"红了樱桃，绿了芭蕉。"春秋代序，时光流逝。清乾隆四十七年（1782年），胥绳武任萍乡知县，他见鳌洲书院十分简陋，规模不宏，拍板重建，筑堂舍36间。主楼为亭阁式两层建筑，取书院面山临水之景，上名冠山阁，阁匾曰："学钓鳌手"，阁联云："以诗书作线；将笔墨为钩。"

鳌洲书院与香溪桥

下为观水堂，堂联曰："于此中寻活泼；就如许问源头。"胥知县对此颇为满意，却为"五贤祠"犯难，是保留五贤还是再增人选？他招来士绅商议。士绅们说："鳌洲书院呈现新面貌，五贤祠也要有新面孔。"胥知县询问："增加几位？"士绅们认为周敦颐、钟咏入祠。胥知县考量一番后说道："周敦颐名气大，他在本县芦溪镇任过监税，曾授业学子，芦溪又有濂溪祠、宋濂桥，这次入祠。本地名儒已有胡安之，钟咏待以后再处理吧？"由此"五贤祠"改称"六贤祠"，胥知县并作《宋六贤祠记》。

又过了 39 年，清道光元年（1821 年），知县甘恪重修鳌洲书院。翌年，新任知县黄睿视察书院后，阅读《萍乡县志》，悉知钟咏与邑士六人合议创建社仓于县城西关，为堂六楹，并于宋庆元三年（1197 年）作《西社仓记》。后通过友人胡安之转呈朱熹指教，朱子曰："余固嘉其敏于事，而又能述以文也。"于庆元六年（1200 年）为之作跋。钟咏后遂从学朱熹，福建建宁朱子祠，配享门人，钟咏列名，并入萍乡孔庙乡贤祠。于是，黄知县增加钟咏入祠，改称"七贤祠"，并作《七贤祠记》。萍乡士绅为圆满其事而皆大欢喜矣！

鳌洲书院诗话

清乾隆二十一年（1756 年），张敉任萍乡知县。史载其善决讼，日判十数案。某天，因连续几日文牍、决讼劳累，携仆离开县衙，漫步走向鳌洲书院。他环洲巡行，面对天光水色，青松修篁，不由心旷神怡。书院山长（院长）听说知县抵达，前往迎接，引至课士阁。张敉隔窗见学子们或埋头读书，或挥毫作文，室内寂静无声，不由心中一阵欢喜。山长推门而进，朗声道："诸位学子，张知县来视察书院，看望大家。"学子们纷纷起身，作揖示礼。张敉亦拱手致意，令学子入座。一位学子试问："知县大人，今日视察书院，有何观感？"其余学子亦附和："恳请知县大人明示。"

七贤雕像

张敉满面笑容，抚须沉吟，诗思犹似萍水涌动，不由脱口而出，抑扬顿挫吟道：

> 烟火依峰尽，松篁带水环。
>
> 为寻佳士侣，因憩此楼间。
>
> 草长牧驱犊，云深樵在山。
>
> 庶哉迟富教，一念一低颜。

此《金鳌书院课士阁口占》诗，前两句与五六句写洲景，三四句写来书院目的，后两句写自己作为知县应尽力使教育发达，想到此低头沉思不已。学子们执笔录诗，心领神会，对这位重教的知县心怀敬意。

清道光年间某年春天，鳌洲书院山长听说易树年先生进县城，便邀请他来书院指导。易树年，清嘉庆二十三年（1818 年）举人，曾任江西乐安县教谕，并被列为候选知县。他为改变乐安风气未开，应考人很少的状况，首建"尚义堂"以培育士子。后又集资万两，以补助乡试、会试费用。自此应考中取的人士不断，邑人深感其德。后因继母故，回家守孝，从此居于廷宣乡（今芦溪县宣风镇）故里，著书笔耕。易树年在山长陪同下，巡看了书院，并与学子见面交谈，回答提出的问题。山长深知易树年在萍乡颇有诗名，令学子展纸研墨，请他留下诗踪。易树年沉思片刻，挥毫泼墨：

一洲盘踞水中央，创始何年结构良。

碧濑洗心空翳障，新筠到眼悟文章。

乐群尽得他山助，敬业方知古味长。

愿与诸生同努力，鳌头咫尺快飞翔。

诗中寄托对后辈的诚挚勉励和殷切期望，学子们齐声朗诵："愿与诸生同努力，鳌头咫尺快飞翔！"诗韵在金鳌洲回荡……

武官巷口夕阳斜

◇ 刘 兴

每年科考之时，武官巷内赶考者便摩肩接踵，热闹得很。

武官巷的文脉

萍乡的老南正街面积不大，巷子很多，如怀王巷、居仁巷、武官巷、学前巷、兴隆巷、义井巷、河口巷、叶家巷、石灰巷……那些路面或铺着石板、或铺着石子的小巷子，像血管一样连通四面八方，便利居民通行和商贸流通。

武官巷被誉为"文曲星巷"。本地有民谣云："武官巷内无武官，文脉传承惠四方。"之所以有这样的美誉，源于 200 多年前在巷内兴建了一座供学子们考试的规模庞大的"萍乡县考棚"，种下了文脉之根。

自古以来，萍乡人一直崇文重教，不论富人官人还是穷人平民，都以读书为荣，"耕读传家"之风盛行城乡，所以读书人众多。

然而，在久远的年代中，萍乡城内没有一处可以遮风避雨的正规考试场所（试舍），学子们应试极为不便。于是在清乾隆五十七年（1792 年），当地士绅筹资，在武官巷内购地，修了一座可供数百人考试的试舍（本地人称"考棚"），彻底解决了这一难题。每年科考之时，武官巷内赶考者便摩肩接踵，热闹得很。

此后，从清嘉庆六年（1801年）起，历经道光、咸丰、同治四朝，萍乡爱心人士又先后捐资兴建了助学机构——兴贤堂、育才堂、乐英堂、乐洋堂、尚宾堂、劝贤堂，统称六堂，其中有三堂（育才堂、乐洋堂、尚宾堂）便建在武官巷内。

六堂的经济实力雄厚，建筑宏大，设施齐全。不仅在经济上能资助那些寒门学子，重奖获得好成绩的人，平时还能为那些农村的穷苦读书人免费提供堂内食宿，方便他们研习学问。从此，武官巷便成了读书人聚集之地，文化气息浓厚，文脉进一步扩展。

到了清光绪三十二年（1906年），废除科举考试，开办新式学堂。于是分布在城内的堂址便成了兴办学堂的首选。此年，萍乡县立高等小学在尚宾堂（今萍乡第二中学）创办。同年，头年刚创立的萍乡中学堂也从鳌洲书院搬迁到育才堂堂址上（今萍师附属小学校址）。

接着在萍乡考棚内，先后创办了第一所职业学校"萍乡工业学堂"，传授木工和纺织技术；创办了第一所幼稚园和萍乡女子师范。新中国成立后省立萍乡师范、萍乡二中也在此办学。从此，武官巷成为城内学校最多的风水宝地。

旧时武官巷

我家住在武官巷对面，从小便与它结缘。我在巷内读了3年幼稚园、6年小学、4年师范，后在萍乡二中工作33年，退休后又居住在巷内。我以往80年的岁月中，大部分时光是在武官巷内度过的，对巷子的历史比较了解。

武官巷从南正街的巷口到连接城隍巷的巷尾，虽只有 200 余米，但巷子宽敞笔直。巷内除吴记豆腐制酒作坊、田记小卖部和陈家豆芽棚三家是狭门独户外，其他大多是外有高墙的深宅大院。

在武官巷口，左边是城内有名的王九芝堂中药店，接着便是萍乡县邮电局，它是一栋中西合璧的三层宅子，原是某外地同乡会建造的会馆，有上百年历史。

邮电局隔壁是张姓退役军官的私宅，后院有马棚。每天傍晚，他都会骑着高头大马在街上经过，去小西门河边遛马洗澡，所经之处吸引着行人好奇的目光。

往里走，西边旁边的石拱门便是谢家大院，内有晒衣场、水井，住着十几户谢氏族人和两户湖南的织布匠。

谢家大院旁边便是火宫殿，进深很长，除火神爷过生日和城内遭火灾的人家来谢罪烧香外，平时很少人光顾。守庙人王老头闲得很，便在里面的空地种植蔬菜，每天早上挑到街上去卖。他种的南瓜个大金黄，每个有十几斤，吃起来软糯香甜，很受当地人欢迎。

接着便是萍乡考棚，面积很大，围墙内两边有十几米的甬道，两边有花园，接下来是上面成人字形的大考棚和其他附属建筑。

巷口的右边是陈家祠。一般的祠堂大多为一层，而陈家祠却是两层巨宅，正面的祭祀厅直通屋顶，采光很好，左右和前面是二层楼，有十几间房供人居住。祠堂前的空地上，矗立着一座几丈高的用石条砌成的"贞节牌坊"，巍峨壮观。

从巷口右边进去，便是著名律师王远松的寓所，高墙内有三层豪宅。接着便是一幢两层平房，有十几户人家居住。后面便是叶姓财主的别墅，墙内种有树木花草，两层楼房雕梁画栋，十分别致幽静。

接着便是全城有名的陈记豆芽棚，棚内有一泉水井，冬暖夏凉，用泉水发的豆芽根短茎粗，十分爽口，陈家每天发的几大木桶豆芽根本不用挑

武官巷

到街上去卖，总是被上门来买的人抢购一空。

有别于其他巷子的是，巷内还有三座占地千平方米以上的建筑群，那就是尚宾堂、育才堂和乐泮堂。

尚宾堂处在西大街和武官巷中间，有操场、大殿、藏书楼、礼堂、几处附属建筑和一栋二层教室。

育才堂夹在学前巷和武官巷中间，前面的大操场可容几千人聚会。二门内，有两排教室、花园、钟楼、办公楼；靠武官巷的围墙内，有宿舍、大礼堂和食堂。

新中国成立后，武官巷内大部分建筑被政府征用。邮电局迁入新址后，原址变成了皮件社的车间；王律师解放前夕去了台湾，其寓所被没收，变成街道办事处的办公地点；火宫殿改造成了萍乡戏院；陈家祠作了萍乡师范的男生宿舍；叶家别墅与后面的叶家祠，被改建为文化电影院。

这些建筑虽然改变了用途，但内部结构和外观依然保留着原来的面貌。

直到20世纪80年代以后房地产大发展，武官巷这块风水宝地上建起了几栋高楼大厦，并与河口下打通相连，变成了一个专营服饰的街市，俗称"精品街"。至此，武官巷除保留了一个名字外，原貌已彻底消失。

所幸巷内的两所名校——萍乡二中和萍师附小，还雄踞在巷子左右，延续着武官巷几百年的文脉。

人们期待，这两所学校沿袭武官巷200多年来兴学育才的优良传统，在新的时代里与时俱进，大胆创新，造福萍乡学子。

禹门逐浪

◇ 兰 侠

历史的沧桑，岁月的磨洗，让这座城门没有了往日的光彩，在夕阳的斜照下尽显苍凉古朴。

萍水河畔，水声依旧，南门桥边，人来人往。曾经在紧挨着孔庙的街市上，有一个不起眼的小城门隐匿在诸多的店铺当中，不注意还以为只是一个普通拱形过道。历史的沧桑，岁月的磨洗，让这座城门没有了往日的光彩，在夕阳的斜照下尽显苍凉古朴。这小小的城门名叫"禹门"，是萍乡仅存的最后一个古城门。幸运的是，南正街改造后，这座城门得以恢复保留。这小小的城门和对面的孔庙一起见证了数千年来萍乡人崇文尚礼、热衷教育的优良传统。

宋代汪洙在《神童诗》中有"禹门三级浪，平地一声雷"这样的诗句，来比喻学子科举及第。所谓的"禹门"就是鲤鱼跳龙门的"龙门"。唐武宗宝历元年，上栗长平走出了萍乡历史上第一位有影响力的进士唐廪。唐廪可谓萍乡人文的开山祖，史书上记载唐廪学识渊博，曾把唐太宗贞观以前的文章编辑成了一部《贞观新书》，著名诗僧齐己有诗《赠唐廪正字》，诗中写到"新书声价满皇都"，说明了唐廪的学问在当时的影响。唐廪不仅做学问，而且还从事诗歌创作，他的诗作《杨岐山》就是萍乡人最早吟咏家乡胜景的优秀作品。自唐廪之后，萍乡人文蔚起，英才辈出。

旧时离禹门不远就是萍乡的文昌宫。萍乡文昌宫曾有对联写道："五科三解元，春色文章增瑞气；一点两主考，凤衔紫诰培天恩。"这是清代萍乡科举鼎盛时的骄傲和写照。

明清科举制度规定，正式的科举考试分为童生试、乡试、会试和殿试。所谓乡试就是省一级考试，考试合格者称为举人，举人中的第一名称解元。所谓"五科三

禹　门

文昌宫

解元"，是指在 1808 年至 1823 年五次科举考试江西乡试中，萍乡就考出了三个全省第一。这三位"解元"分别是嘉庆十三年（1808 年）戊辰江西分试解元李炳春，嘉庆二十一年（1816 年）丙子江西分试解元欧阳炳章，道光二年（1822 年）壬午江西分试解元胡增瑞，显示了萍乡当时教育之发达。"一点两主考"的"主考"，一位是被乾隆皇帝称为"江西大器"的刘

凤诰，一位是受到嘉庆皇帝钦赐御书匾额的清官颜培天。嘉庆六年（1801年）两人分别被派往了湖北和河南主持两省乡试大典。

翻阅史籍，从唐代到清代1000多年来，萍乡一共有100余人高中进士，平均下来约10年就能出一位进士。榜眼文廷式、探花刘凤诰、传胪王景澄、邓锡礼、贺澍恩、喻兆蕃、敖星煌、朱益藩……一个个名字，正如一颗颗璀璨的明星留在萍乡的文教史上。禹门，见证了历代萍乡读书人参加科举考试，通过知识改变命运的辉煌成果和艰辛历程。

历代士子通过勤学努力为萍乡的文教历史争得了荣誉，而往昔的荣耀又开启了今日的辉煌。近年来，萍乡学子在高考中劈波斩浪、捷报频传，这骄人的成绩正是萍乡历来重视教育传统的有效回报。禹门逐浪，追逐的是拼搏进取的精神，追逐的是"知识改变命运"的信条。可以想象，禹门未来一定能见证萍乡学子续写的金榜传奇，禹门也将和我们一道去迎接萍乡文教昌明新时代的到来。

文廷式：剑气琴心共濯磨

◇ 陈　娅

由于文廷式等人的努力，被称为"蕞尔小邑"的萍乡到了清末却领风气之先。

文廷式，字道希，号芸阁、纯常子，江西省萍乡市安源区花庙前（今南正街）人。光绪十六年（1890年）中一甲第二名进士（榜眼），授职编修。光绪二十年（1894年）任翰林院侍读学士。力助光绪帝亲政，支持康有为发起强学会。受到慈禧太后的嫉视，被参革职。戊戌政变发生，东走日本。

能诗词，词学苏、辛，也有慨叹时政之作。著有《云起轩词钞》《文道希先生遗诗》《纯常子枝语》《补晋书文志》《闻尘偶记》等。钱仲联教授评价道："文芸阁先生，晚清重要之政治家、学者、诗人，又词家之巨匠也。"（见《文廷式年谱》后记）

光绪三十年（1904年）八月二十四日病逝于萍乡，葬于上栗县杨岐山普通寺附近。

投身国事：漫拂朝冠尽泪垂

文廷式的祖父文晟，历广东州、府、县十四任，为嘉应州知州。咸丰九年（1859年）太平军攻城时巷战殉难，谥壮烈。祖母系乾隆五十四年（1789年）探花、吏部右侍郎刘凤诰次女。父文星瑞署罗定直隶州知事，分巡高廉兵备道。

文廷式生于潮州，少长岭南，为岭南大儒陈澧入室弟子。光绪八年（1882年）中顺天府乡试，嗣后浮海泛江，出入京都，结交赣、湘、沪、鄂名流，读书会友，亲历社会，观察时势，在京名动公卿。到光绪十六年（1890年）35岁时，一举擢巍科，跻鼎甲，授翰林院编修，历国史馆协修，见知于光绪帝。光绪二十年（1894年）大考翰詹，光绪帝亲拔为一等一名，超擢翰林院侍读学士，兼日讲起居注官，署大理寺正卿。

文廷式家世代官宦，其父、祖又皆有诗文传世，父祖之尽职忠烈与勤学好问给文廷式以极深的影响，文廷式屡次入科场、取功名，以求如父祖辈之报国利家。文廷式才雄气猛，遇事敢言，政治能动性强，又有"那信

文廷式雕像

文廷式的奏折

寒威折虎牙"的胆识，成为帝党中坚、清流新锐。甲午战争中，他坚定主战，前后连上 60 余道奏折，内攘权奸，外拒和约，并联合朝野上下，形成一股"御外侮、保疆土"的浩大声势和力量，借以支持光绪亲政。这种结集群力干预朝政的政治运动在有清一代罕见。文廷式又列名参与康有为、梁启超等创办的强学会，为慈禧所深忌。

光绪二十二年（1896 年），遭黜归里，成为逐臣。戊戌间，又暗中聚集力量，支持变法维新，险遭不测。旋又匿迹江湖，东走日本。

情系家乡：会有高才扣角歌

萍乡是文廷式的原籍，他虽不出生也不成长于萍乡，但其父、祖辈皆从萍乡游宦于粤，文氏友族姻亲关系大都在赣湘两地。文廷式对故乡的归属感，让他从不觉得家乡疏远。他自刻"萍乡文三"和"萍乡文廷式"刻章。文廷式虽然在萍乡停留、生活的时间都比较短，但是他有深深的家乡情怀。成为逐臣离开京城后，文廷式回到家乡，带领文氏宗族在修学宫、设义田、建试棚及赈饥、育婴等诸项地方社会公共事业中都扮演着重要的角色，并全力推动家乡的经济发展。

萍乡在中国近现代史上，值得浓墨重彩地大写一笔。它是中国近代工业的发祥地。萍乡因安源煤矿而兴市，曾伟博士在《文廷式与近代萍乡煤炭资源的开发》一书中认为，文廷式在近代萍煤的开发中有两个贡献：其一，凭借与张之洞的私谊和抗旱救灾中积累的声望，为文氏家族赢得了萍煤的代理权，组建广泰福号，成为汉阳铁厂煤焦的主要供应商，解决了汉阳铁厂煤焦的极度短缺。其二，在广泰福号经营困难的关键时期，积极推动改制，实现了"产权清晰，权责分明"的经营目标。

萍乡诞生了采用西方先进生产方式、使用机器的官商办萍矿，被称为"中国近代十大矿之一"，是日后汉冶萍公司的重要组成部分。它的创立推动了中国近代工业文明的发展。由于文廷式等人的努力，被称为"蕞尔小邑"的萍乡到了清末却领风气之先，煤矿开采的现代化和株萍铁路的开通使得萍乡开启了近代化的历程，从此萍乡社会结构发生了根本性的变化，跃升为当时湘赣两省的工业中心。

安源煤矿

由于安源煤矿的产业工人众多，中国共产党成立不久，安源便成为党开展革命活动的重点地区之一。20 世纪 20 年代初，安源就开展了如火如荼的革命斗争，被誉为"中国的小莫斯科""无产阶级的大本营"。这里诞生了中国共产党领导的全国产业工人中最早的支部，产生了中国共产党领导的中国工人阶级最早的经济组织，创办了中国共产党最早的地方党校……党的许多著名的活动家和重要干部，如毛泽东、刘少奇、李立三等都曾在安源从事过革命活动。

诗词建树：山河频向月中看

文廷式是晚清著名的文学家，著述繁多，主要有《纯常子枝语》《云起轩词钞》《文道希先生遗诗》。他的文学成就很高，陈三立说文诗"清空华妙，不挦扯故实自曝，尝推为独追杜司勋，波澜莫二"。朱孝藏评文词为"拔戟异军"，"兀傲故难双"。

文氏存世诗 600 余首，题材有极大的包容性，涵盖了当时动荡的政坛、乱离的现实和文人们的生活领域，而表现时局艰危、发挥政治郁闷是他大部分诗作的主题和基调。诗人《落花诗》之十云："万里河山歌舞地，百年门户绮罗香。"到文氏时，"万里河山"已不堪回首，而文氏家族从壮烈公文晟开始的"百年门户"也正趋衰落。诗人以白头思悟式的猛省作结："谁向秋霜明镜里，一花一叶悟兴亡。"

这 600 多首诗，正是诗人"悟兴亡"的"一花一叶"。辛亥革命前 50 年间，中华大地上所发生的种种劫难，诗人的忧患经历，彷徨苦闷，探索追求，玄思冥想，都能在他的诗中找到或隐或显、或直或曲的表达。若将其中所反映的史实，按诗作大致的创作年代编排，便是一部用诗叙写的晚清时代巨变的风云史，也是诗人自我心灵嬗变的思想史。

永远的《江河水》和《赛马》

——忆胞弟海怀*

◇ 黄海岩

那时而高亢、时而悠扬、时而低沉、时而圆润、富有节奏的琴声，每每招得行人驻足拍手叫绝。那些正在门前纳凉的街坊，甚至会停下扇子，为之侧目，为之颔首。

每当我看到海怀遗像的时候，心里总觉得有无限的歉意。因为正当怀弟精神痛苦、处境艰难的时候，我不能给他以帮助和宽慰，也不能站出来为他仗义执言代鸣不平，致使他在贫病和时弊的摧残下过早地离开了人世，我怎么能不感到深深的内疚和怀念呢？

海怀是 1935 年出生于萍乡县城武官巷张崧岩公祠内。1949 年在萍乡

* 黄海怀（1935—1967），江西萍乡人。当代著名二胡演奏家、作曲家。他的二胡作品在发展传统演奏技巧的同时，敢于大胆借鉴西洋音乐的手法，因此既具有本民族的特色，又有一定程度的推陈出新。其代表作品为二胡曲《赛马》和《江河水》，为新中国成立以来最杰出的二胡作品之一。

县立小学毕业，同年考入鳌洲中学。1952 年考入萍乡中学。1955 年高中毕业，同年考取武汉中南音乐学院。由于他学习认真、成绩优秀、品行端正，学院党委决定他留院工作。

海怀自幼酷爱音乐，尤其喜欢习琴。才几岁就迷上了胡琴，似乎从小就和二胡结下了不解之缘。

记得一年夏天，妈妈刚把他找回来，准备给他洗澡，才进去舀水，可一转身回到门口，这个小淘气又不见影儿了。澡都没洗，又到哪里去了呢？弄得家里人四处寻找，上街下街、河边井边都找遍了，就是找不着，原来他尾随在一个算命先生后面听琴声去了，后来还是多亏邻居从北门城根下找回来的。

上学以后，开始还能按时回家。后来就不一样了，天天总要挨到上灯的时候才能到家。爸爸是个生意人，经常要出外地去谋生。妈妈拿他没办法，只好把这个情况告诉爸爸。其实他每天下午一放学就到昭萍大戏院去了。问他去干什么，他说是看尾戏；问他演的什么剧目，他又答不上。再三追问才说清楚，他每天并不是去看戏，而是到后台去听音乐，看琴师怎样拉胡琴。

爸爸有时生意顺手，兴头上也会领我们去看看戏，但只要锣鼓一响，海怀就直奔后台，不到结束他是不会出来的。同去的罗先生一向爱说笑话，为此还给他编了几句顺口溜"黄家老五有味道，买票看戏不要座，蹲在后台听锣鼓，蜷起双腿猫着腰"来取笑他，可海怀只淡淡一笑，回敬说："罗先只知生意好，不解后台乐趣多。后台虽小天地广，柜台哪有舞台高？"至今成为笑谈。

进到高小以后，有老师教他识谱，他于是对音乐的爱好更广泛了。唱歌、习琴、识谱、吹笛子、打锣鼓样样都学，可就是没有一把自己的胡琴。那时我也爱赶时髦，买回一把京胡，买来几张油印的"习琴入门"，真想能像别人那样拉得一手好京胡。无奈天生缺少音乐细胞，学不上路，拉不成调，有时还会老半天调不准音。不怪自己，只怪胡琴，一气之下就要把它砸了。怀弟看了，立即按住我的双手安慰着说："别生气，别砸了，这把琴不听你的话，你就给了我吧。"说来也怪，琴一到他手上，就服服帖帖全变样了。从此他才有了一把自己的胡琴。

我家叔父是个长期病号，跟前无儿无女，总想要海怀过继与他，两家就打斜对面。爸爸妈妈当然不情愿，结果由祖母出面来了个天牌打地牌，硬将海怀过继到对门去了。这样一来，海怀就变成了两家的宝贝了。

新中国成立以后，萍乡城里第一个业余剧团的成立就在我们正大街街道。那时海怀正在鳌中读书，听说剧团缺少拉二胡的人，便自告奋勇参加了我们的剧团，经常参加剧团的排练活动。剧团经费困难没有景片，没有幕布，乐器也是"十不全"。为了添置这些东西，街道领导号召大家发扬延安精神，发动大家利用星期天去运煤，用赚回的力资一件一件地置办。海怀虽是初中学生，可一点不肯偷懒，一到星期天，同样与大伙参加运煤劳动。

他是我们剧团的主弦，常常在晚上教大家识谱，领大家习琴。有时为了配合得一致，还得一遍一遍地示范。有些剧本没有乐曲，他还得设法配曲。每次演出总有他的独奏。

1951 年，萍乡县文化馆组织了一个专业地方剧团，他们自编了两个颇具特色的新曲，十分保密。我们剧团总想弄到它，负责剧务的陈克光同志多次与地方剧团要求，均被婉言拒绝，于是把这个信息告诉了海怀。海怀听了十分高兴，当即答应晚上"交账"。就在当天下午，他以进图书馆借书为名，隔墙靠近地方剧团排练的地方，一边佯装看书，一边偷听琴声，就这样边听边记，不多工夫就全记下来了。结果，地方剧团新编的曲子，却由我们第一个将它奉献给了观众。

考入萍乡高中以后，他仍然刻苦习琴，不论严寒酷暑，不论是节日或者假日，一有空暇就操琴苦习。晚上做完功课便带着琴子到晒楼上去，每每练到深夜。为了不影响邻居睡眠，他常用铅笔代替琴码，尽力降低音量。遇到难度较大的需要反复琢磨的片段，他不惜一再重复百遍千遍，一直要练习到自己满意为止。

海怀偶尔也到门口来乘凉，只要有人请他拉一曲，他都乐意助兴。那时他拉的多是广东乐曲和刘天华先生的曲子，拉到妙处确实叫人着迷。那时而高亢、时而悠扬、时而低沉、时而圆润、富有节奏的琴声，每每招得行人驻足拍手叫绝，更有意思的是那些正在门前纳凉的街坊，甚至会停下扇子，为之侧目，为之颔首。

萍乡高中每年都有几次晚会，每次晚会必定有他的节目。只要他的琴声一响，沸腾的校园便立刻变得一片肃静，而当他一曲告终的时候，台下立即爆发出雷鸣般的掌声。他曾为自己的演出感到自豪，可从不因此而有所骄傲。

报考大学那年，他同时收到两份录取通知书：一份是武汉中南音乐学院，一份是湖北师范大学。他拿不准主意，特意找我商量，要我参谋参谋。我当然鼓励他发挥自己的特长，尊重自己的爱好，到中南音乐学院去。

海怀到音乐学院上学以后，只回家度过一次暑假。朋友们知道他手头不算宽裕，劝说他为萍乡的音乐爱好者作一次音乐讲座，多少捞几个外快。可是他却谢绝了朋友的美意。他说："外出讲座得经学院党委批准，未经组织认可的事还是不做为好。况且我还很不成熟，没有什么比人家强，有什么可讲呢？"

在武汉学习期间，他常应邀去湖北省广播电台为听众演奏二胡。拉的有名人的曲子，也有自己的创作，每次演出都博得听众的好评，甚至有人为他给《湖北日报》写稿，把他誉为二胡演奏明星。往往在演出后会接到几十封听众来信，其中有赞誉的，有鼓励的，有请他收为徒弟的，可是他并不以此自满，反而更加努力学习，刻苦钻研，曾尝试着将西洋弦乐中的拨弦移植到二胡上，并且在创作《赛马》一曲中，取得了移植的成功。

留院以后，海怀分配在国乐系工作。他不但对本系各种民乐悉心研究，而且对西洋弦乐也作过深入钻研。他善于创作，长于演奏，曾发表过《赛马》和《江河水》两个二胡演奏曲，均得到行家和广大音乐爱好者的高度评价。

学院为搜集和整理民间各个剧种的琴艺，发掘民间琴艺的精华，曾派他去武汉民众乐园作实地调查。他到"民乐"以后，和该园诸剧种的琴师很快就交上了朋友，彼此相处十分融洽，常与琴师们切磋琴技，帮助他们扬长避短，改进琴艺，深得琴师们的推重。计划半年的调查任务，他只用三个月的时间就完满地写出了总结报告。

他先后参加过首届"羊城音乐花会"和首届"上海之春"音乐会，均以精湛的琴艺、成功的演奏获得奖励，成为我国演奏二胡的佼佼者。在广州参加羊城花会时，曾得到陈毅同志的接见，海怀从中深深感受到了党对知识分子的信任和关怀，常以此引为殊荣，工作热情更为高涨。

他不仅在业务上锐意进取，而且十分重视自己的思想改造。他一贯严格要求自己，服从组织安排。在学习焦裕禄同志的年月里，尽管自己患有肝病，但还是不顾亲人的劝阻，积极接受任务，两度奉派去湖北恩施等地参加农村社教。第二期下乡之前，肝部肿大二指，校医嘱他全休，劝他抓紧治疗。而他谢绝了校医的好意，毅然下乡，带病坚持工作。成行之前给我来过一信，信中写道："一个人能得到集体的信赖是幸福的，而领导者的嘱托就是这种信赖的标志。此番再次下乡，身体欠佳固然有自己的苦衷，但却是靠拢工农、体验生活和改造思想的机会，请不必为我担心……

不料"文化大革命"来了。一个一向忠于党的事业、善良纯朴，洁身奉公的人，却因自羊城返校之后，与人谈起过陈毅同志在接见时讲过的一些对知识分子的看法，竟平白无故地被诬为散布"右派"言论，死活要把海怀打成"右派"。那时他已重病在身，不但得不到生活上的照顾，反而受批挨斗，横遭摧残。医院得到通知，不让尽力治疗，因而海怀肝病日趋恶化，终于酿成不治之症。

正当海怀抱病挨斗、饱受折磨的时候，学院许多师生对此深恶痛绝。为匡扶正义，他们挺身而出，痛斥群丑，起而对他加以保护。当时湖北省委也对海怀横遭迫害十分关注，对他的病情也十分关怀，得知海怀处境后立即指派专人，护送海怀前往上海空军医院求诊。在空军医院做了剖腹探察，确诊为晚期肝癌。从上海回到武汉后，学院党委和师生一面为他平反，一面积极组织治疗，并指派王源汉老师坐守医院全力抢救。无奈为时已晚，抢救无效，竟于1967年2月与世长辞。

他热爱母校，在弥留之际还非常想念学院的老师和同学，深深地惦记着在农村尚未做完的工作。他在遗书里写道：别了，亲爱的党！别了，亲爱的同志！在本院、在恩施我都有许多工作没有做完，不能为党和人民

黄海怀雕像

作出什么贡献，为此深觉惭愧。身死之后，我愿将我的肝脏献给医学界，供他们研究，愿他们能够及早研究出征服癌症的科学方法……至于老母亲、爱人和孩子，我深信组织上一定会作出妥善的安置……"

海怀逝世之后，学院派员专程将他的骨灰送回萍乡。他的养母也同车返萍。看着这灰色的骨灰盒，两家人都放声痛哭，两位老母亲更是几次昏厥，哭得死去活来。眼看着妈妈和婶娘极度伤心的情况，我只好含悲忍泪强打精神去安抚二位老人。

我怀着极其沉痛的心情，给他的遗像蒙上一块黑纱，可是妈妈执意要

把它取下，并且一边哭泣一边诉说："他是才刚刚三十出头的人呀，他应该活着，他不能丢下我们就这样走了……"话短情长，言悲语切，左邻右舍听了无不为之落泪。此时我再也强忍不住了，泪水夺眶而出。

　　20余年过去了。忆往昔，多少事历历在目；念亲人，几回回魂牵梦绕。为缅怀怀弟，寄托哀思，拈得小诗数行，慰藉亡灵：

> 绵绵慈母意，脉脉手足情。
>
> 君随黄鹤去，更悲小楼空。
>
> 寄语告阿弟，神州早回春。
>
> 一曲《江河水》，四海有知音！

萍乡正本女学

◇ 柳习文

清末民国时期萍乡女学的兴起，为萍乡及周边地区培养了大量有文化、有作为的知识女性，为萍乡妇女解放事业作出很大的贡献。

萍乡古称"赣西文化堡垒"和"硕儒鸿生之地"，自古以来重视教育。近代以来，萍乡成为洋务运动中现代工业的发祥地之一，教育方面亦领风气之先。比如 1906 年清廷正式废除科举之后，萍邑士绅兴办新学，其后 1907 年夏率先在江西自主创办女学，即南正街上的"正本女学"，此为全省自主兴办女学之开端。

正本女学的创办人主要是钟震川和黄序鹓。钟震川（1881—1912），芦溪南坑人，曾留学日本东京帝国大学，后首任同盟会江西支部长和萍乡县知事，因主持处决了前任知事、恶霸胡渊，胡之弟胡谦寻仇，遭枪击致死。黄序鹓（1877—1949），湘东下埠马迹塘人，早年留学早稻田大学，后曾任中华民国第一届国会议员，因拒受曹锟贿金，悄然返萍，1937 年后任国民政府立法院立法委员。他历时 22 年著《中国经济史长编》，此书共

300 余万字，由马寅初与蔡元培作序，现藏国家图书馆。

1907 年夏，在日本留学的钟震川、黄序鹓回到萍乡，见全县无女学，决心创办女学。在时任萍乡县劝学所所长周绍濂（上栗县长平乡人）的支持下，历时 3 个月筹备，于当年 8 月 20 日试办开学，取名"正本女学堂"，校名出自蔡元培"正本清源，自女学堂始"之主张。

正本女学初设师范、工艺两科，工艺科两年毕业，师范四年毕业，校舍地址为县城南正街上的劝贤堂。这是江西省自主创办的第一所女子学堂，同时也是江西第一所女子师范学堂。

萍乡正本女学一经创办，新闻界相继予以报道。《直隶教育杂志》1907 年第 14 期、上海《竞业旬报》1908 年第 27 期分别刊登了"萍乡创设女学"和"萍乡正本女学堂的发达"的消息。

萍乡正本女学堂首任监督（校长）是醴陵人王国昌女士，她是日本东京实践女学校工艺科毕业生，时年 27 岁。教习为长沙人王勘，时年 46 岁，东京实践女学校女子工艺科毕业。另有善化刘兰和女士、教员郑某（长沙人）等。

1908 年 7 月 24 日，萍乡正本女学正式开学，有新旧学生 60 余人。该学堂的兴办得到了喻兆藩、李有架、宋藻文等 30 余名萍乡学界士绅以及叶春荫堂、文启佑堂、顺兴和等商家和萍醴公益社、留东（京）萍学会的捐资赞助。

1910 年，萍乡正本女学首届工艺科 10 名学生毕业，毕业摄影照刊登在上海《教育杂志》1910 年第 2 卷第 12 期上。

1913 年，正本女学改设师范讲习班和预科，当时校长为李观。李观是护理两江总督、萍乡赤山人李有棻次女，时年 30 岁。她还是晚清时期萍乡的女诗人，著有《漱芳轩诗词合钞》。

1914 年 8 月，正本女学一度改称为"萍乡县立女子师范学校"（又称"萍乡女子中学"），后又恢复"正本女学"名称。

1927 年下半年，萍乡正本女学与萍乡中学等学校合并组建"萍乡中山学校"，成为中山学校女学部；1928 年秋，中山学校拆分为萍乡中学和萍乡女子中学；1934 年下学期，萍乡女子中学再次并入萍乡中学，成为萍乡中学女生部。

目前可以查找到的萍乡正本女学早期学生有 13 人：喻徽（喻兆藩三女、国学大师陈寅恪二哥陈隆恪的夫人），喻彤（喻兆藩四女、萍乡末代帝师朱益藩次子朱毓璋的夫人），苏雪林（笔名绿漪、绿绮等，祖籍安徽。著名才女、作家、教授），叶氏（后任正本女学教员，萍乡叶道轩之女，兵站总监部一等副官、萍乡人萧达之妻），叶梅英（民国江西代省长、萍乡人刘存一的原配夫人），张植清（刘存一的继配夫人），刘元英（刘存一孙女），谭英（上栗长平石溪木梓坪人，民国四川高等法院院长、萍乡贺国昌堂侄贺扬武的夫人），梁振邦（萍乡人姚纯将军的夫人），叶慕萦（日本宏文学院及早稻田大学毕业生叶炳蔚之长女、上栗清溪喻梅友子喻鲁臻的夫人），汤贞，吴建群，王灏（上栗黄埔少将林中逸长兄林中植的夫人）。以上 13 人除苏雪林外，均为萍乡本地人。

在萍乡正本女学的引领下，自 20 世纪初叶至新中国成立前，萍乡先后兴办的女学还有：萍矿端本女学校，1913 年 3 月由萍矿矿长李镜澄创办，校长董笑薇，校务主任王殿丞；端本职业女子学校，1925 年由文质彬在县城钟家祠创办；县立女子职业学校，1925 年由共产党员罗运磷在上栗创办；达成师范学校女生班，1926 年由县教育会长钟古愚在县城南正街武官巷开办；芦溪女子职业中学，1928 年在芦溪周夫子祠创办；私立安源致用女子职业学校，1936 年由王镇国、黄少南等在安源街创办；云英女子职业学校，1942 年由颜度坚在县城南正街乐英堂创办；县立凌云女子职业学校，1942 年在芦溪龙头山创办；省立萍乡女子师范学校，1943 年在县城南正街武官巷设立。

民国期间的萍乡女子学校招收了大量女生入学，如萍乡女子中学在

安源路矿工人俱乐部

1928 年 11 月有学生 241 人，1933 年有学生 400 人。另外其他学校中也有了女学生。

此外，中国共产党领导安源路矿工人运动期间，在安源路矿工人俱乐部工人夜校设立妇女职业部，开办妇女职业班，学习缝纫、编织等技能。1926 年，萍乡农民运动兴起，全县各地农民夜校中就开始招收女学员。1927 年 2 月成立萍乡县妇女联合会时，达成师范学校女生班的共产党员宋华英担任副主任，6 名委员中有 4 名为女中学生，分别是文以健、彭之敬、姚睿哲、苏坛惠。土地革命时期，1929 年在苏区莲花县设立女子职业学校，培养了大量革命战争需要的妇女职业专门技术人才。

清末民国时期萍乡女学的兴起，为萍乡及周边地区培养了大量有文化、有作为的知识女性，为萍乡妇女解放事业作出很大的贡献。

南正街的剧院往事

◇ 萍乡市文化广电新闻出版旅游局

一方舞台汇聚四面风云，一方舞台展示多彩艺术。

南正街的剧院的历史变迁

元、明、清至民国，萍乡民间戏剧演出活动多在祠、庙的戏台进行。据调查资料，萍乡历史上的古戏台有 117 处，建造时间自元至正元年（1341 年）开始，经明、清至民国，大多数建于清代。民国 21 年（1932 年），萍乡县城内尚有古戏台 10 处，其中一处为南正街武官巷火宫殿。这些古戏台不是独立存在，而是与祠、庙、殿并存，属于附属部分，戏剧演出活动大多是与菩萨生日、祭祖等祭祀活动同时进行，邀请戏班子唱大戏，既娱神又娱人，既敬祖宗又团聚族人。

据载，南正街武官巷专门祭祀火神的火宫殿始建于清代嘉庆年间，进深很长，前为空地后为殿堂，旁边设有戏台。每年火神老爷生日，邀请戏班子唱戏，南正街民众来火宫殿既拜神又看戏，香火旺盛，甚是热闹。1949 年以后，火宫殿改造成萍乡戏院，一般都是外地来的戏班子演出。仅存几年便被划归萍乡师范,后又纳入萍乡二中被改建。

南正街孔庙左侧数十米处原有一出入通道,20世纪50年代可进入将老祠堂改建的文化礼堂,主要作为召开大会使用。

1950年4月成立的萍乡县文化馆(1956年分出萍乡县图书馆)设在萍乡孔庙内,文化馆开展大型活动也在文化礼堂举办。1954年在高坑镇组建的萍乡县湘剧团,1960年改为萍乡市湘剧团,团址迁至文化礼堂内。1964年文化礼堂改名为文化剧院,作为湘剧团的演出场所。1965年9月,萍乡市湘剧团改组为萍乡市文工团,1968年并入萍乡市地方剧团。1976年8月,文化剧院划归城关区管理,改为文化电影院,并进行翻修,座位有近千个,方便南正街附近及南门桥外的市民观看电影。1996年文化电影院拆除,改建商品房。

由大众商场改建的萍乡剧院,由老祠堂改建的文化剧院,由火神殿改建的萍乡戏院,展现不同时期南正街文化娱乐的景象。坐落在八一路的创建于1950年的萍乡电影院、坐落在跃进路的建于1973年的人民剧院和坐落在北门桥头的建于1981年的北桥电影院,交相呼应,互为补充,为萍乡市民提供丰富的文化娱乐生活,也为萍乡和外地的各类演出团体提供展示的舞台。

一方舞台汇聚四面风云,一方舞台展示多彩艺术。萍乡剧院自1957年1月落成后,历年来接待大批外地剧团演出,堪称萍乡的"戏码头"。据记载知名的剧团有:1958年5月,全国总工会歌舞团在此演出;1959年4月,湖南省花鼓剧团在此演出《刘海戏金蟾》12天;1961年1月,中国建筑文工团歌舞团在此演出歌剧《古城春晓》5天;1963年4月,总政文工团话剧团在此演出话剧《柯山红日》3天;1975年3月,北京京剧团在此演出现代京剧《杜鹃山》4天;1985年,中央民族歌舞团在此演出3天;1986年,北京京剧团一团名角赵燕侠等在此演出4天;1988年4月,电视剧《西游记》剧组在此演出4天;1988年5月,新疆歌舞团名

安源大剧院

演员克里木等在此演出3天；1989年10月，北京曲艺团相声大师侯宝林等在此演出3天；1990年5月，中央广播说唱团名演员姜昆、李文华等在此演出4天。此外，江西省话剧团、江西省歌舞团等省内外各类剧团在此演出。

萍乡京剧团在萍乡剧院舞台上，历年来演出了大批传统京剧节目，以及现代京剧《白毛女》《红灯记》《八一风暴》等，也深受萍乡人民的好评。

随着时代的变迁，商品经济的发展，2003年萍乡剧院拆除，改建为商业建筑，在南正街屹立近半个世纪的萍乡剧院不复存在。改造后的南正街建立了小型戏台。尤其令人欣喜的是，2015年1月正式向社会公众开放的省内一流的安源大剧院，以现代化的建筑造型、现代化的设施设备，可供国内一流的艺术团体演出，让市民体验愉悦身心的艺术享受。然而，那些在过去的年代曾经发挥过重要功能的老剧院，虽然湮没于历史的风尘之中，却深深地留在人们的记忆里。

南正街看戏的"追星族"

20世纪50年代初期，进入南正街河口巷数十米右侧，有一道宽敞的大门，进门便是一处大坪，这里是露天的农副产品交易场所，坪与屋相连，名叫大众商场。商场经常有戏班演出，尤其是每年举办物资交流大会更是连续演出数日。

笔者家中的厨房紧挨着大众商场，能清晰地听到传来的悠扬曲调。1953 年至 1956 年的每年农历正月，萍乡县业余文艺汇演在大众商场举行，每届演出三天日夜场，盛况空前，观者如潮。1957 年 1 月，改造房屋并延伸到露天商场处，建起的萍乡剧院竣工使用，这是新中国成立后萍乡首次建起的剧院，大门朝向西大街，与紧邻的南正街交汇。

1952 年 11 月正式成立萍乡采茶戏的第一个专业艺术表演团体，定名为萍乡县地方剧团，大众商场和新建的萍乡剧院是萍乡地方剧团的定点演出场所。那时，由于文化娱乐生活单调，能进剧院看戏可以说是一件时髦事，因看戏需付钱买票，又称得上是一件奢侈的事。

笔者第一次看萍乡地方剧团演出，是由在高坑煤矿工作的姑爷带去的，记得演出的是风靡一时的名剧《白蛇传》，扮演白娘子的是颜延祺、扮演小青的是任萍云，扮演许仙的是孟良义，扮演法海的是段先明，这几位都是萍乡地方剧团的"台柱子"，也是当时萍乡的"名角"。我双眼紧盯着舞台看得津津有味，当看到"水漫金山"一场时，大家都兴奋地鼓掌……

那时萍乡地方剧团很"跑火"，经常更换演出节目，卖座率很高。过完大年的正月，剧团排演新戏，剧院生意更火爆，还增加白天演出一场。当演至最后一场戏时剧院大门洞开，我趁机进去看"尾戏"。看完戏后，站在剧院门前等候，一直等到看见演员们走出剧院，心中很是欢喜，近似于当今的"追星族"。

1954 年成立的萍乡县越剧团也经常在萍乡剧院演出，还安排外地剧团在此展示风采，成为萍乡戏剧演出的中心。在我的印象中，当时的萍乡剧院舞台较高，红布的大幕，蓝布的侧幕和底幕，舞台上方散布一盏盏固定灯光，乐队安排在侧幕一边。场内多排长长的观众席，一色的活动长木椅，中间两行行人通道，可容纳数百名观众。我读中学时，学校包场观看武汉杂技团演出，发现舞台灯光有改进，当看到演员夏菊花柔身咬花时，一道追光集中照射舞台中央，夏菊花的精彩演技让观众看得更明晰了，那真是令人喝彩的真功夫。我参加工作后有能力买票进萍乡剧院看戏了，见到剧院有所变化，大幕改为深红绒布，灯光设置更合适了，舞台前辟有安排乐队的乐池，场内地面呈现坡度，坐在后面的观众视线无阻碍了，天花板上悬挂三排吊风扇，夏天看戏减少了逼人的闷热。

1963 年 11 月，宜春地区京剧二团调入萍乡，改名为萍乡市京剧团。1965 年，萍乡市越剧团撤销。萍乡剧院主要供萍乡地方剧团、京剧团作为演出场所。

1979 年 4 月，市政府拨出专款对萍乡剧院进行重建，至 1982 年 1 月竣工。剧院面貌一新，设施设备达到正规剧院的标准，观众席扩增到 1200 个。

萍乡剧院伴随着萍乡地方剧团（1982 年 10 月改名为萍乡采茶剧团）的发展壮大，见证了地方剧团历史上的辉煌。在这个舞台上，上演了萍乡采茶戏的精彩节目《安源大罢工》《寨上红》《芦花湾》《牛二宝经商记》《榨油坊风情》等，这些节目不仅受到萍乡老百姓的喜爱，也走上南昌、上海、北京的大舞台，荣获省级、国家级奖励，其中《榨油坊风情》囊括了中国戏剧的所有最高奖项。一个地方剧种能取得如此荣耀的成就，在省内外都是为数不多的，这从一个侧面反映出萍乡文化底蕴深厚，萍乡是一块人文昌隆的沃土。

（陈　菲　执笔）

萍乡南正街古今楹联选

◇ 龙绍华　辑录

　　2015 年，萍乡市委市政府启动南正街改造项目。目前，南正街以崭新面貌展示在市民面前，此德政工程得到了社会各界好评。现辑录南正街的部分楹联，以飨读者。

一、古联（1949 年前）

　　1.集句题文昌宫（清·刘凤诰）：帝乃诞敷文德；天之报施善人。

　　2.萍乡城隍庙戏台（清·刘凤诰）：雪送风威，白占田园能几日；云聚雨势，黑瞒天地不多时。

　　3.文昌宫柱联（清·文廷式）：五科三解元，春色文章增瑞气；一县两主考，凤衔紫诰培天恩。

　　4.文昌宫（清·文廷式）：我知科名以人重；神其阴骘与天同。

　　5.城隍庙戏台（清·佚　名）：出东门，搬西游，南腔北调；打春雷，落夏雨，秋收冬藏。

　　6.集句题金鳌洲书院（清·胥绳武）：到门不敢题凡鸟；入海终为戴角龙。

7.金鳌洲六贤祠（清·胥绳武）：五姓六贤，师友也，兄弟也；千年一脉，俎豆之，馨香之。

8.金鳌洲冠山阁（清·胥绳武）：以诗书作线；将笔墨为钩。

9.金鳌洲冠山阁观水堂（清·胥绳武）：于此中寻活泼；就如许问源头。

10.萍乡县署中蛙神庙（清·刘矩臣）：仙迹驻何年？想从江渡昭王，便恋此荷花世界；宦游来此地，也学蔡居文仲，为建个杨柳楼台。

11.凤凰池戏台（清·彭　炯）：池边听曲鱼游泳；台上吹笙凤有无？

12.县　署（清·黄家骏）：

（一）此是公门，若非公事何须至；谁为民章，曲礼民情在所先。

（二）作吏如作诗，所忌者俗而已矣；仁心布仁政，岂徒曰清也与哉！

13.鳌洲书院（清·黄家骏）：期君高作钓鳌手；到此都为吐凤才。

14.乡贤祠（清·黄家骏）：名望比巨璋，斯可谓之贤士矣；馨香荐桑梓，讵未免为乡人乎？

15.集句题县衙仪门（民国·钟爱菊）：民多讼狱惭刑政；邑有流民愧俸钱。

16.县署正堂侧楹联（民国·沈桂华）：六载重来，幸此地关怀犹切；一言再告，与邦人相见以心。

17.抗战胜利萍乡县署牌坊联（民国·黄道腴）：落帽已除胡冠服；登高重现汉河山。

二、行业联

1.油　行（清·黄片山）：称物平施，最怕上其手下其手；市价不二，须知彼一时此一时。

2.书　室（清·黄佳山）：

（一）居今贵得逢源乐；志古毋忘自镜功。

（二）功果有恒何患困；心能无妄岂终蒙。

3.刊书店（清·黄家骏）：

（一）百代文章归巧匠；半生刻苦为前人。

（二）佳文几费钻研力；好句休添斧凿痕。

（三）入木三分应似此；传名千丁半由君。

4.书画店（清·黄家骏）：画可通神，试看群峰森尺幅；书能入圣，堪夸一字抵千金。

5.科仪店（即殡仪店）（清·黄家骏）：

（一）即色即空，恍睹蜃楼海市；疑非疑是，何殊木马泥龙。

（二）方惊华屋三朝就；翻惜阿房一炬销。

6.漆匠店（清·黄家骏）：文采能光端木氏；渊源应自漆雕开。

7.伞　店（清·黄家骏）：

（一）烈日行天三尺荫；狂风吹雨一轮擎。

（二）大柄端宜操在手；片云恍讶覆当头。

8.染　店（清·黄家骏）：且喜文章工设色；从教韦素亦增光。

9.缝衣店（清·黄家骏）：凭谁巧把金针度；笑我才同袜线长。

10.皮匠店（清·黄家骏）：

（一）可有云霞霏五色；能教宾客蹑三千。

（二）笑我一生称足下；赠君双屐到云边。

11.剃发店（清·黄家骏）：

（一）绝顶功臻，从知毫发无遗憾；弹冠客笑，顿觉风流胜少年。

（二）能教喜气生眉宇；未许繁霜到鬓边。

（三）且任丈夫髯似戟；休令壮士发冲冠。

12.眼镜店（清·黄家骏）：

（一）即目便同岩下电；回头非复雾中花。

（二）赠君权作重瞳子；得此都为明眼人。

13.水粉店（清·黄家骏）：

（一）漫把淡妆夸素面；从知红粉是佳人。

（二）百英自古传佳号；半面从兹识美人。

（三）华饰应从萧史传；芳名合把粉儿呼。

14.钱　庄（清·黄家骏）： 价论明月清风外；名在三官九府间。

15.当　铺（清·黄家骏）： 济急好凭阿堵物；通财殊有古人风。

16.玉器店（清·黄家骏）：

（一）玉佩琼琚归此地；握瑜怀瑾更何人。

（二）温润无惭君子德；琢磨应比学人功。

17.药　店（佚　名）：

（一）普治百邪须国老；力除二竖仗将军。

（二）小草何知，也有君臣佐使；四时皆备，宜分寒热温凉。

18.酒　店（清·黄家骏）：

（一）客人何来，放怀且饮一杯酒；主人休问，入座都为八斗才。

（二）坐客莫停杯，看绿水青山，都向樽前添逸兴；主人将进酒，喜梨花竹叶，新从瓮里挹清香。

（三）酒逢知己饮；客从何处来？

19.烟酒店（清·黄家骏）：

（一）客来都带烟霞气；春至时闻曲蘗香。

（二）堪羡香烟携两袖；何辞清酒醉千觞。

（三）吐属莫嫌烟火气；醇醪殊有圣贤风。

20.育婴堂（清·黄家骏）：

（一）俾尔成人，建堂好种儿孙福；视他犹子，保赤都推父母恩。

（二）是诚何心哉？乌可已乌可已；援之以手者，如其仁如其仁。

（三）犹子也，由己溺由己饥，品有所不忍，赤子之心能勿丧耳；有人焉，兼所爱兼所养，则可以得生，善人之道不在兹乎？

三、撰刻在现南正街牌坊门楼的楹联

目前南正街在多处牌坊、门楼上以新创、集句等形式刻录了多副楹联，这些楹联均为李远实先生集撰，并经多位书法家和社会贤达书写。

（一）新创楹联

1. 百态人生，五彩纷呈，游览千秋史画；八方货殖，万商云集，播扬四季春光。

2. 吹浪横箫，桥朝迎凤岭；指天挺笔，塔写问龙章。

3. 问孔怀昭王，佳名吾邑冠萍实；褒刘敬朱子，壮志群英攀桂枝。

4. 乡韵悠长，弦歌继响；国风博雅，薪火相传。

5. 魁星阁：萍实缘吴楚，天贻霸气；文光射斗牛，地育英才。

6. 上谕亭：蹈矩循规，万户千家事；上传下达，江湖廊庙心。

7. 凤箫楼：岁月寻痕，风物古街留旧迹；家园织梦，人文新景秀名城。

8. 戏　台：凤池开眼，市井沧桑，观天地古今，褒贬抑扬弘正气；萍水润心，波光潋滟，借管弦丝竹，悲欢离合绎真情。

（二）集古人联

1. 刘凤诰：使节壮湖山，东南坛坫；文光拱奎壁，咫尺宫墙。

2. 罗　淳：群山树色平依槛；一道江流曲抱城。

3. 袁　皓：芦水东奔彭蠡浪；萍川西注洞庭波。

4. 王阳明：碧水苍山俱过化；光风霁月解传神。

5. 唐　龚：翠微不闭楼台出；清吹频回水石喧。

6. 黄大临：人物渡桥疑海市；楼台拍水信蓬壶。

7. 胥绳武：凤凰池边看月上；横龙寺里探泉归。

8.文廷式：土音连楚浊；民俗似唐醇。

四、今人所作咏颂楹联

重塑后的萍乡南正街，美丽动人，诗情画意。萍乡市楹联学会多次组织学会联友到南正街进行采风，撰写专题楹联，并开展征联比赛。现选取部分优秀联句，以共同推进萍乡的文化繁荣。

1.王世明：财源广进，客聚北南开泰运；民俗重兴，春来吴楚正韶华。

2.冯庆怀：玩乐吃喝，原汁原味，庙会吸睛归眼底；学说逗唱，古色古香，萍乡出彩占鳌头。

3.叶继友：六合孔圣庙；九和南正街。

4.孙　斌：达士吐虹，题词绣柱；秀桥饮马，溅玉飞珠。

5.贺树生：货畅其流，不断南来北往；财生以利，永行正路公门。

6.程魁星：东南西北，方方得利；春夏秋冬，岁岁招财。

7.黄　民：鳌洲步韵春潮启，鳌头独占；萍水扬波盛世明，萍楚先行。

8.丁顶天：萍水绿波，杨柳岸边存禹迹；古街新貌，棂星门外话昭王。

9.李晓斌：

（一）大美小城，焕发几多吴楚韵；老街新貌，迎来无限水萍春。

（二）南正街头，多少风情游客醉；北桥堤上，万千春意早莺啼。

10.张凯帆：一桥两岸观风景；四面八方醉客人。

11.罗斌文：彩映昭萍，四季风情千古画；春盈禹巷，一桥朗月百年诗。

12.周日华：一纪开端庙会迎金鼠；三阳启泰廊桥舞玉龙。

13.张吉群：长念乡愁，兴萍承古；半思味道，改革闯新途。

14.童化平：

（一）凤舞昭萍，赏武功风采，汉唐臻古典；龙吟华夏，歌渌水美名，吴楚畅高情。

（二）南正传故事；廊桥焕新篇。

15.张永福：萍水河畔，古城崛起添锦绣；南正街上，游人如织涌春潮。

16.罗智欣：邻孔庙鳌洲，传儒学，承昭萍楚韵；连廊桥水岸，展文化，显赣西风情。

17.毛士元：水绕古城添达秀；灯辉新市丽萍乡。

18.廖望荣：凤凰池边筑巢引凤闻梧凤之鸣；孔庙门前树碑立传记丘山之功。

19.马善明：古街换貌，春抚萍水含诗韵；骚客挥毫，墨研鳌头醉楚风。

20.张定生：南来北往，初心不变，华夏小康通达；东扩西延，历史担当，廊桥雄伟壮观。

21.王轶涛：

（一）写两阕乡愁，叠几纸浮鸥，谁遣流年逐逝水？循一江萍迹，映满天星斗，我将明月照吴钩。

（二）君子居之，两岸闻春荣阙里；凤凰鸣矣，一桥达秀映朝阳。

（三）萍水相逢，问道春秋夫子庙；弦歌不辍，蜚声吴楚凤凰池。

（四）北文庙，南学堂，两岸弦歌，差池入耳；东罗霄，西湘楚，一桥达秀，正道朝阳。

（五）凤宿莺迁，达之大者；风清气正，秀乃禾焉。

22.孙延龄：九和号亮，货真价实情依旧；南正街通，车水马龙景物新。

23.刘启华：革故鼎新，千爿旺铺迎宾至；承先启后，百位能人献艺来。

24.黄乃曙：萍实花果子，果传百载香飘远；杨须米面条，面到今天味更佳。

25.贺银燕：日辉廊桥，方方车往客来，经商行旅平安道；春媚南正，处处花飞联艳，挂绿披红欢乐家。

26.沈建花：

（一）汇聚一城今古事；合流四处往来人。

（二）街面共荣，商铺千家皆绚丽；鳌头独占，杏坛六艺正辉煌。

27.柳源裕：欲知萍乡面貌；先看南正街头。

28.何春阳：一桥通南北，聚散皆故朋乡梓；五孔照古今，行藏隐秀士达人。

29.申志群：古月廊风窥妙境；浮云晚雨落新波。

30.周春琴：临孔庙鳌洲，承萍城文脉；聚廊桥商户，展赣西风情。

31.李贞来：南国昭萍吴楚地，春光五彩；正街市场舜尧天，旺气千乘。

32.邓黎明：

（一）今视昔何俦，虹起廊桥堪达秀；后思兹怎叹，云兴楚韵正文华。

（二）汉瓦唐砖，一架廊桥钟一水；吴风楚韵，千家街市续千秋。

33.王　涛：武功铺草甸，云中万亩牧牛羊，天生奇景；萍水架廊桥，南正一街连唐宋，绾住乡愁。

34.李　芬：

（一）千年庙会重张，店铺琳琅，人流熙攘，犹种梧桐栖彩凤；一道廊桥新架，连通南北，横亘古今，正昭文庙占鳌头。

（二）新架廊桥，南随万贾秀街景；复张孔庙，正接千年达妙文。

35.彭寻规：筑阁挑灯依北斗，答初心，锁乡愁，巷陌三年蜕变；闹春展卷醉南街，归旧里，圆旅梦，凤凰万井龙吟。

36.张　良：街通北南，古城再现，琴声悠扬文风起；桥至西东，新貌蔚然，孔塔高立商贸兴。

37.周蔚霞：

（一）南正街头，看人来人往，热闹非凡，几分感慨生心底；楹联群里，品妙句妙词，开心不已，多少豪情到梦中。

（二）青山绿水，天成世界；火树银花，春到人间。

（三）两岸垂杨，清明河上织金缕；一街生意，文化宫前唱大风。

38.汤　荣：萍水有缘，两岸清风从过客；廊桥拾梦，一襟明月照归人。

39.龙绍华：渌水虹桥，春动源源生意；穿唐越宋，客萦淡淡乡愁。

40.李禹平：忆小城往事，萍实桥头飞彩凤；欣红土新篇，文星故里舞蛟龙。

41.刘启良：萍水南桥通庙会；唐风宋雨展河图。

42.刘玉萍：逐千年风雨三千遗梦；看万盏灯笼亿万春晖。

43.巫志刚：凤池增秀气，百里画廊开胜境；萍实启文脉，满城弦诵漾春波。

44.萧起盛：古朴焕姿颜，看华灯暖照虹桥媚；斯文传礼乐，听玉水欢歌圣迹光。

45.陈布仑：

（一）乡风乡愁乡韵，乡里狮子乡里舞；土调土语土情，土腔春锣土腔歌。

（二）杨柳依依，千年文脉孔子庙；和风煦煦，一缕乡愁南正街。

46.童怀勤：夜卧廊桥听月梦；昼穿间巷看民生。

47.文德一：南正街头喜看楼宇飞檐衔楚韵；东门河畔欣闻采茶春锣续乡音。

48.蓝运德：孔子庙重光，已给吴楚添气象；南正街再丽，又见昭萍商风。

49.周志刚：萍水注湘，古今文脉之渊薮；鳌头跃赣，吴楚乡愁所萦怀。

繁華商貿

萍乡
南正街

南正街，乡愁正浓

◇ 陈　娅

传统舞龙舞狮表演、傩舞、牛带茶灯、花锣鼓、制作花灯、剪窗花、捏泥人……哪一样不是儿时的记忆？

熙熙攘攘、买进贩出的日常场景，是南正街浓浓的市井风情、人间烟火。岁月更迭，人事变换，南正街在一代又一代萍乡老百姓的生活中默默相伴。说到萍乡，说到乡愁，南正街是避不开的存在。南正街是城市的记忆，也是时间的朋友。

南正街位于萍乡市中心城区，近百年来一直是商贾云集的商业中心，在 880 米长的街道上，有数百家商铺，这里承载了数百年萍乡商业文化，凝聚了 1700 余年的历史传承，是萍乡水脉、文脉、人脉、财脉的汇聚地。

1905 年，作为江西省境内的第一条铁路——株萍铁路全线通车后，南正街迎来了它的鼎盛时期。株萍铁路的建成，便利了萍乡的交通，促进了萍乡工业经济的发展，同时也带来了社会观念和生产关系的变更。据统计，萍乡煤矿和株萍铁路产业工人达 1.7 万余人，加上家属约有 10 万之众。人气即财气，巨大的人流吸引了大批外地的商人前来南正街开办行号，

株萍铁路

萍城工商业至此盛极一时。历史上南正街的老字号商铺主要有元康（南货店）、傅成记（中药店）、老九和店、德丰厚（南货店）、豫乐春（桌碗租赁店）、马记裱纸店、聚兴堂（书纸店）、耀华（百货店）、北冰洋照相馆、胡记染布行、锦福斋（油鞋店）、曾记杂货店等。

南正街老字号商铺是有故事的，南门桥头春和生药店就曾为井冈山红军送过药，一位革命先辈被杀害成了烈士，敌我双方在这个白色恐怖严重的区域展开了殊死斗争。其故事被当代作家许金焰写成小说《秘密小道》，20世纪80年代被改编成电影《智斗美女蛇》在全国上映。

街头风起青蘋之末，南正街里演绎着为新中国诞生而浴血奋斗的革命故事；巷尾文脉悠悠，不管时事如何动荡，位于南正街的孔庙古柏苍翠，书香依旧。赣西文化堡垒的萍乡，人文兴盛。1937年11月，来到萍乡的张学良住在南正街河口下巷口附近的赣西饭店。张学良评价萍乡的图书馆规模不小。原来，赣西饭店附近的孔庙中设有大成图书馆，开办于1936年。它是江西较早建立的县级图书馆，当时馆藏古今图书7万余卷。

位于南正街的孔庙是萍乡人心中的文化圣地。明万历十二年（1584年）建筑砖城墙，城墙开辟四门，东向称来阳门、南向称达秀门、西向称连湘门、北向称通楚门。

除这四门，孔庙前又开辟禹门，镌刻门额，设立木栏并种植桃李，寓意桃李天下，以振文风。抗日战争爆发后，为便于老百姓逃难，政府忍痛摧毁城墙，仅余下禹门保存至今。

"江畔何人初见月？江月何年初照人？人生代代无穷已，江月年年望相似。"萍水河畔的禹门见证了南正街的悲欢离合，也迎来了南正街的高光时刻。20世纪80年代改革开放后，南正街成了萍乡最繁华的街道之一，老百姓想买的新款时装和时尚的店铺都聚集在这里。客如云来的南正街被萍乡人称为"香港街"，可见当时南正街的红火繁华。

比禹门更古老的是三国时期东吴宝鼎年间修建的萍实桥（今南门桥），以楚昭王得萍实而名，由邑人李熺修建，千年以来皆为木质板桥。至清乾隆年间，始以石桥取代木板桥。过去萍乡陆路可以通湘赣，水路可以到达

南正街旧貌

湘江，近期此地发现"湖南码头"石刻。清邑人罗淳祚诗作《萍实桥忆古》："客到桥南别有情，吴时萍实晋时名。群山树色平依槛，一道江流曲抱城。浅渚静余春草碧，水鸥闲逐暮云轻。共谁细数千年事，隔岸商船笑语声。"记录了南正街当年商贸往来、百帆竞发的疏阔景象。

如今的南正街被打造成为城市繁华地、商业新标杆。南正街南沿萍水河，西接跃进南路，北连精品街，东临迎宾路，更有风雨景观廊桥连接滨河两岸。5路、7路、9路、26路、61路等公交直达街区，10分钟即可到达火车站、长途汽车，距高铁站仅20分钟车程，与新宜萍、长株潭城市群形成"半小时旅游经济圈"，年接待游客超百万人次。

2020年1月11日，南正街第一届新春文化庙会在老百姓的期待中启动。庙会不仅有非遗展览、民俗展演、年货展销、游艺互动等。传统舞龙舞狮表演、傩舞、牛带茶灯、花锣鼓、制作花灯、剪窗花、捏泥人……哪一样不是儿时的记忆？

携乡愁归来的南正街更美，更有韵味。

走，去逛南正街！

◇ 龚　婷

白天，人声鼎沸，锣鼓喧天；夜里，灯光璀璨，光明如昼。

2020 年 1 月 11 日上午 10 时，南正街新春文化庙会年货美食节在孔庙禹门广场拉开帷幕，极富萍乡地域特色的传统民俗文化活动吸引了八方来客，市民在年味十足的南正街赏花灯、猜灯谜、品美食、购年货。

该届庙会街区布置范围从南门桥到达秀桥，以萍水广场和孔庙广场为中心，贯穿南段整个街区。庙会以非遗展览、民俗展演、年货展销、美食荟萃、游艺互动、节目表演等活动为主。在庙会年货美食节现场，冻米糖、麻片、番薯片等记忆中的年果子和舞龙舞狮、湘东傩面具、皮影戏、安源面塑、剪纸等丰富多彩的文化活动，吸引了众多市民前来品尝和欣赏，仅开幕当天游客就达数万人。

悠悠萍水河，滋养着萍乡这座有着 1700 多年历史的江南古城；临水而建的南正街，见证并承载着这座城市灵魂深处的文化底色。历经数年改造的南正街，将呈现给市民哪些唤起记忆和自豪的"萍乡元素"？让我们前往这条修葺一新的古街，感受浓郁的萍乡文脉古风。

南正街新春文化庙会

　　"一举首登龙虎榜，十年身到凤凰池。"在古诗词中，"凤凰池"是一个颇具政治意味的意象。而萍乡的凤凰池，则可算这座城市众多历史文化遗存中最"草根"也最亲民的一处。据《昭萍志略》记载，宋朝宣和年间，因萍城百姓多患眼疾，时任知县于地形如凤的县衙门前不远处凿了两口井，一口叫凤井，一口叫凰井，象征凤凰的双眼，被合称为凤凰池。神奇的是，凤凰池凿成后，老百姓的眼疾也就好了，凤凰池便一直留存下来。遥想当年，凤凰池曾瑞莲飘香，花红叶绿。夕阳西下，凉风习习，池边赏莲听曲，最是令文人和市井百姓惬意之雅事。改造后的南正街，凤凰池仍然格外惹人注目。白色护井石栏上雕刻着富含萍乡元素的图案，凤凰两池相互呼应，静听着这盛世繁华。

　　距凤凰池不远处，一座白色傩神雕像唐葛周三元大将军威武矗立。唐葛周三元大将军是民间信奉的重要神祇，也是萍乡傩文化的重要代表。作为"中国傩文化之乡"，萍乡傩庙、傩舞、傩面具"三宝"俱全，以其原始古朴和浓郁的乡土气息成为萍乡民俗文化的代表。据南正街文化顾问组组长李远实先生介绍，石雕是唐葛周三元大将军合而为一，另外还有一组

傩神雕像

萍乡春锣

铜塑则是三元大将军的单独雕像。

萍乡傩文化、萍乡采茶戏、萍乡春锣、萍乡民间绘画、老萍乡街景……行走在一栋栋飞檐翘角的仿古建筑间，驻足于一幅幅浮雕前，目光在那蕴含萍乡记忆的画面间逡巡，传承千百年的文化印记激荡起一份深深的自豪感。"杨胡子米面，布店、鞋店、钟表店……街上店铺一家挨一家，河水清澈，河里还有船来来往往。这就是我们儿时记忆中的南正街。"在老萍乡街景浮雕前，80多岁的徐大爷久久驻足，连连感叹。

连接起萍乡古今文脉的，还有那一副副文采斐然的楹联。据介绍，南正街各大门和牌坊上的楹联多截取自历代文化名人在萍乡所作诗词，或萍乡文化名人所作诗联，如"碧水苍山俱过化；光风霁月解传神"取自王阳明《萍乡道中谒濂溪祠》一诗，"翠微不闭楼台出；清吹频回水石喧"取自唐虞《杨岐山诗》，"使节壮湖山，东南坛坫；文光拱奎壁，咫尺宫墙"为刘凤诰任浙江学署所作联，这三副对联分别由蔡正雅、刘才源、柳斌书写。另有一部分为本地文化名人李远实所撰并书写，如"百态人生，五彩纷呈，游览千秋史画；八方货殖，万商云集，播扬四季春光""吹浪横箫，桥朝迎凤岭；指天挺笔，塔写问龙章""问孔怀昭王，佳名吾邑冠萍实；褒刘敬朱子，壮志群英攀桂枝"。这一副副对联，以简练的文字勾勒出传承古今的悠悠文脉，其中不少是对南正街风貌的真实摹写。

漫步南正街，除凤凰池、傩神雕像、浮雕和对联外，还有许许多多勾起萍乡人文化记忆的元素。古城墙、孔庙、禹门、风雨廊桥、孔子功德墙……这些满载着萍乡历史文化的景致，让这条古老的街道在繁荣中更显厚重。

萍乡老街的特色商铺

◇ 刘　兴

萍乡老街地方虽小，但地处湘赣两省的交界地，商贾云集，有关老百姓的衣食住行、生老病死的各种行业，在城内都有一席之地。

一个城市的繁荣兴盛，离不开百行百业的进驻。

萍乡老街地方虽小，但地处湘赣两省的交界地，商贾云集，有关老百姓的衣食住行、生老病死的各种行业，在城内都有一席之地。

去年底，有朋友来电话，说萍乡有一个知名画家，打算把萍乡老街过去的繁华景象，画成一幅长卷，要我提供城内店铺的名称及位置。

这是一件好事，能为消失的老街留下历史的记忆。于是我便打开记忆的闸门，经过一番冥思苦想，终于将老街的一些主要行业、商号名称及所在位置，分门别类简单叙述于下，并手绘老街各种商号名称、位置的平面图一幅，供画家参考，也让现在的读者，知道一下老街过去的繁华。

先说五金行业，可谓金银铜铁锡种类齐全。

罗庆成金店，坐落在居仁巷附近。南正街有邱宝成银楼、陈义兴铜器作坊、王洪兴白铁店、阳裕发和刘记铁匠铺。还有梁洪灿和宋记五金店，专门销售各种五金制成品，如铁钉、铁丝、螺栓、扳手之类。在北桥附近，还有刘记冶铁炉，专门冶制铁锅、铁瓮之类的生活用品。

布织棉纱业。在县衙门附近的周兴巷右侧，是县内最大、最有名气的"九和绸缎庄"，店内全部是用玻璃橱柜，货品众多，装潢新潮。其他如布店有何广发、寿春和、黄裕兴、刘世盛及黄海怀家的依丰祥、黄海岩家的黄记以及罗记、牲牲棉纱行等。

书纸文具行业。萍乡自古尊师重教、文风鼎盛，读书人多，因此书纸业十分发达，有店铺十多家，如同文堂、有文堂、荣华堂、尚志堂、聚兴堂、复兴书店、天行书店和生记、明记、方记、超群等石印铺。还有马记装裱店和花文明、杨文林毛笔文具店和禹门隔壁的张记笔店（兼打"人参米"）。

皮件业。分粗活和细活两种。所谓细活，是指有钱人穿的皮鞋，城内仅有何奇述皮鞋店和河口下巷口的方记皮鞋店，门面装潢精致，外装玻璃转门。而粗活，是指劳苦大众穿的油鞋（又名钉鞋）。因为它防水、防滑、保暖，是老百姓在冬天外出谋生的唯一雨具，需求量巨大，因此城内油鞋众多，北街有长春斋，中街有锦福斋，南街有能胜斋、树兴斋、顺兴斋、文明斋和谭茂林修鞋店，从业人员众多，是当年几大行业之一。

百货颜料业。凤凰街有城内最大的颜料店张茂盛，中街有耀华、绿叶、张利华、张记百货店。

陶瓷业。中街的徐万兴是城内最大的瓷器店，专门经营艺术瓷和高档瓷器用品，如各种佛像、花瓶、成套的金边碗。南街有陈世盛瓷器店和裕盛祥碗店，专门经营老百姓常用的粗瓷用品。

在孔庙右侧的空地上，还有全县唯一一家专卖陶器用品的"罐子棚"。

租赁店有两家。一是河口下对面姚藻香租赁店，专门出租各种牌匾，扎"故事"用的小孩戏服、戏台和大小龙灯。而豫庆春租赁店则出租红白喜事的花轿、龙杠、棺罩以及办酒席用的桌凳、碗筷和炊具。店主周老板还有一门绝活，就是用彩色面团捏成祭菜。

医药行。北街有明济药房，专门经营西药和各种医疗器械。甘家巷内有杨保良眼科诊所。

中街有黄仁记、傅成记，南街有王九芝堂、春和生中药店，西街有王惠灵外科诊所和李义昌牙科诊所，小西门有张登云和谢家济两家中医外科诊所。在天主堂内，有教徒傅医师创办的圣心医院，专门从事西医治疗。

屠宰行。大部分在农村和城郊。只有刘记杀猪店在河口下内，每天在南区街摆摊卖肉。

绣花行。由湖南人开的莫记绣花店，有绣工六人，专门经营各种寿幛、祭幛、寿被、门帘等。还有吴记丝线店，专门经营刺绣用的各种彩色丝线。

轿行。过去交通不便，出远门时，穷人靠脚走，一般人家租高车（羊角车），有钱人和读书人则坐轿子。于是由一湖南人在河口下开的刘氏轿行便应运而生，有轿子8乘、轿夫16人，供顾客临时租用或包月。如当时萍乡中学校长肖赣，因兼任了青草冲鳌洲中学的语文课，便包了一乘轿子，来往于安源和青草冲之间。还有鳌洲中学的英语教师毛步斋和数学教师王琅仙夫妇，也包了两乘轿子代步。

记得小时候，家住安源十里铺的堂祖父家娶儿媳，因为有钱，讲排场，便雇了一乘轿子接我母亲去吃酒，我坐在母亲的膝下，轿子一摇一晃的，凉风从轿帘中吹来，特别舒服。两个轿夫却累得汗流浃背。这是一生中唯一一次坐轿，才知道轿夫的辛苦。

搬运业，又叫罗脚行。设在小西门火车站附近，便于装卸货物。来此谋生的，都是那些"家无隔夜米，米桶挂在扁担上"的劳苦大众，人员众多。

鱼行。新中国成立前，城内有两个菜市场，一个在西大街磨盘石，另一个在南万桥地段。因萍乡远离大江大河，本地产的鱼产品远远满足不了需要，于是有人在南门桥对面开设了一个鱼行，专门经营来自沿海各省的咸鱼、干鱼、干虾、干贝等，品种很多，连邻县的客商也来此进货。全县只此一家，生意十分红火。

粮油行。经营粮油批发，需要有较大的库房，所以城内出售粮油的大户大多地处城郊或闹市的边缘地带。如城内最大胡记油行便设在北桥头，胡老板善于经营，赚钱不少。新中国成立前夕，将500银圆装在瓷罐内埋于后院，来不及转移，房子被没收，分给印刷厂。后印刷厂扩建，工人们在整地时挖出这罐银圆。

粮店中规模大、资本雄厚的有：县衙门口凤凰地区陈裕泰，东门道口的姚义顺，关王殿的雷洪圣，小西门的张万杰，北门的元圣生、唐德圣，大西门的黄松记等字号。

有一年，萍乡遭遇大灾，农民颗粒无收，粮食奇缺。而黄松记粮店的老板却囤积居奇，哄抬粮价，导致农民不满，城外数百农民冲进店内，抢走店内几千斤大米和黄豆，造成轰动整个萍乡的抢粮风波。后警察局介入，枪毙了一个带头人，以杀一儆百。

印染洗衣行。在机织洋布未进入萍乡之前，大多数人穿的是本地手工织的白色家织布，必须到染布店染成皂青布才适合做衣服。所以城内有两家染布行。一是南门桥外的易记染行和上水门码头的王记染行。它们都设在河边，便于清洗和晾晒。后有一上海人在南正街开了个樊记洗衣店，专洗泥绒毛料、绸缎等面料制成的高级衣服。

烟酒行。南区街有刘记烟店，南门桥附近杨记烟店，它们用收购来的生烟叶，加工成熟烟和生烟两种烟丝。熟烟刺激性小，用于水烟筒；生烟丝辣味大，适合旱烟筒。后来有一个腊树下姓彭的人，自制工具，手工搓制土香烟，因价格便宜，很受欢迎。

专门卖粮的商店有郭豫美酒店、吉安酒店和傅记酒店。

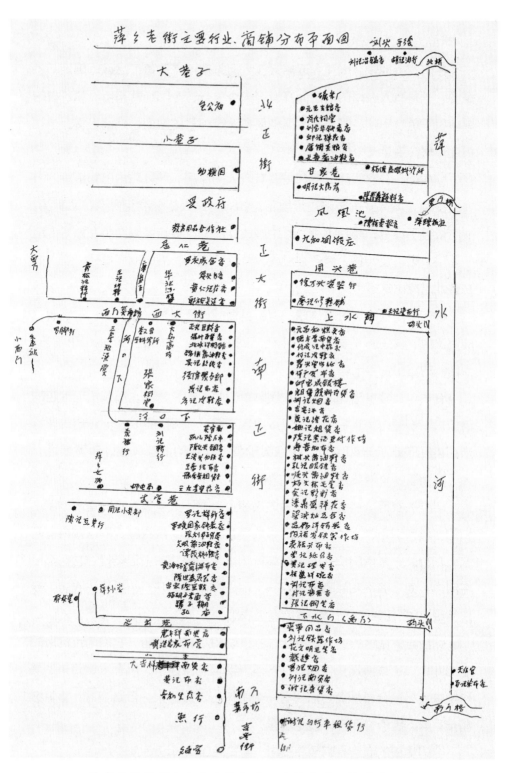

作者手绘的萍乡老街主要行业、店铺名称及位置平面图

而来自麻山桐田外号叫"毛芋头"的人，在灵官庙对面开了个专门制作豆腐的作坊，自产自销米酒、豆腐。

钟表眼镜行，有北街的刘宝华钟表店和南正街的罗记钟表店。

纸马店。在禹门附近的曾记纸马店，专门制作出售丧葬祭祀用品，如灵屋、纸笼、纸钱等。

旅店餐饮服务业。兴盛时期，城内有饮食店18家，客栈饭店10家，旅社20多家。其中有名气的有：北街包公庙附近的幼桃园，东街的萍踪旅社，西大街的华北酒楼，南正街的经济聚餐部、赣西饭店、杨胡子米面店和南门桥头的张家大饭店。

在西大街河口下巷口，有全城唯一的三星池澡堂和中街的北冰洋照相馆及南街的黄记理发店。

弹花店有两家，一是北街的邱记弹花店，二是南街的漆鼎盛弹花店。

糕点南山糖果业。县衙附近有惠元斋、合济斋，中街有元长和、德丰厚、大吉祥，南街有余记彩糖店、惠丰祥。

豆豉酱油酱菜店。中街有正兴豆豉店，南街有吉洪隆豆豉店，它们两家都是前店后作坊，自产自销。只有武官巷对面的付记酱油店才是小零售商。

运输业。在没有汽车、火车的年代，城内货物的运输主要是靠土车子推。而对外则主要靠水运。那时的萍水河，水深流急，运货的木船来往不断，在城内上水门和下水门（禹门）两个大码头装卸货物，日夜不停。

花果业。1914年欧子裁在月光塘创办日新德花果厂，用本地瓜果雕刻成各种形态，经过蜜渍而成，有80多个品种，1929年参加巴拿马世界博览会获奖，是唯一一个以萍乡地名冠名的产品，盛极一时。

刻字业。街上的刻字人不多，由于本小利薄，租不起店面，都是在街头巷尾摆摊营业。

南正街第一家综合性营业场所——大众商场，是1948年利用拆除河口下张家祠堂三栋楼房，只保留上面的屋顶改造而成。为那些租不起店面的小商贩，提供一个可以遮风避雨的经营场所。几百个摊点，经营着各种商品，从早到夜，人流不断，是老城最热闹的地方。1956年拆除，改建为萍乡剧院。

以上所介绍的，仅仅是我个人所能记得的一部分，尽管如此，也可看出昔日萍乡老街的繁华景象。

南正街老商号"九和绸缎庄"

◇ 朱隆起

"九和",顾名思义,在经营上讲究一个"和"字。

随着萍乡城镇化建设的推进,老城区南正街综合改造项目已经开工建设,这里将打造成我市历史文化街区、城市防洪水系景观带、城市快速通道和城市绿色休闲大道。然而,历史上南正街那繁华的商业景象,在众多老萍乡人心里却总是挥之不去。笔者从民国32年(1943年)13岁考取鳌洲中学进城起,到如今74个年头,见证了南正街的发展变化。那条街上众多的老商号,例如,九和、大丰(绸布店)、傅成记(中药店)、罗庆成(金店)、惠元斋(南货店)、协丰祥(百货店)、日新德(花果店)、正兴(豆豉店)、复兴书店、杨胡子米面店等,仍然印记在脑子里。笔者近期查阅历史资料,认为萍乡当年的老商号"九和绸缎庄"有必要作些回顾。

"九和"的来龙去脉

"九和绸缎庄"(简称"九和")的前身是景星昌绸布店,民国9年

（1920年）开设于旧萍乡县署衙前上首，是由蔡顺生、左仲如、李笃斋、邹永春、巫启成、李萱堂、左伯涛（以上系长沙人）、赵静安（吉安人）8人合股组成，因该店地处城区中心，且与长沙大盛绸缎庄业务往来密切，故而周转极为灵活，生意也很可观。但在国民党政权统治下，工商业生存非常困难，"景星昌"同人一致要求改组扩股，提升竞争力。

民国19年（1930年）股东们考虑到李笃斋的弟弟李希庭，拥有巨资，常驻上海，又系"大盛"大股东，遂派代表前往长沙，邀得李希庭入股，形成九个股东，更名"九和绸缎庄"，公推李笃斋担任经理（接替者为他的侄子李湘彦），邹永春、赵静安为副经理，左萼华为营业长。经营的项目有绸缎、呢绒、棉布、夏布。其时，正巧南正街元丰裕绸布庄歇业，于是买下该店店址（衙前下首），大兴土木，店容店貌焕然一新，并扩充日用百货业务，一时架满货丰，穿用俱全，业务大振，闻名遐迩。同时，与长沙"大盛"建立联号关系，商品调拨，随调随到，又派员常驻上海采购，与生产厂家直接挂钩，生意兴隆，盛极一时，在萍乡商号中首屈一指，用今天的说话就是领军商号。

1949年7月萍乡解放后，"九和"照常营业，是县工商联的组成单位，随后参与全行业公私合营。到1956年全县资本主义工商业社会主义改造完成，"九和"并入县纺织品公司，为公司一个门市部。至此，"九和"在萍乡经营了36年（从"景星昌"算起）。

"九和"的管理方法

"九和"是当时萍乡最大的股份制商业企业，有内外股东33人。其中，内股为李笃斋等9人，股金共计2800元（银圆，下同），外股24人，都是地方上的头面人物，股金共计2000元。另外，店内聘用营业员20余人，大部分成员投了股金，数额不一。总计，全店股金5000余元，资金相当雄厚。纯利润实行按股分红，实际上"九和"形成了一个50余人的经济利益共同体。大家都为企业的发展出主意想办法，尤其是店内的营业员更是在细微处关心企业、爱护企业。用今天的话说，就是调动了大家的积极性。

"九和"实行经理负责制。在经理主持下，每年农历正月初五召开股东会。经理向股东报告上年的经营情况及新年打算，并研究店内工作人员去留等重大事项。平常事务由经理碰头决定。营业长负责全店业务，监督店员不得放走生意，不得怠慢顾客，不得违章舞弊，等等。

"九和"有3项管理制度值得称道：

其一，复尺核算制。"九和"对门市部管理非常严格，店员卖布后，开具两联单，顾客持单、持货到打包处照单复尺、核价。复核无误后，顾客再持单到柜房缴款盖章，然后持单到打包处取货。

其二，考勤奖惩制。"九和"对工作人员出勤逐日记载。夏季从早上6点到晚上9点为工作时间（15个小时），春秋两季和冬季适当调整，冬季一天上班12小时。全年出满勤者，每当五（5月）、八（8月）、腊（12月）各加工资一个月，即一年可拿15个月工资。因私事外出2小时扣日工资的25%，4小时扣50%，8小时扣一天。

其三，营业奖惩制。按个人营业额设3个名额奖：头名奖300斤大米，二名奖200斤大米，三名奖100斤大米。个人营业额逐日记载，统计评定后分五、八、腊三次给奖。成交滞销商品每尺布奖2—5分，零头布奖3—5分。抓获一个扒手奖200斤大米。对工作不认真，营业额低，经常走掉大生意，与顾客发生争吵，且不安分守己、嫖赌逍遥者，轻则个别谈话，予以警告；重则在五、八、腊酒席上，请坐上，给一封"请君高就"的信，那就解聘（开除工作）了。

"九和"的经营之道

"九和",顾名思义,在经营上讲究一个"和"字。

一是笑脸迎客,信誉第一。顾客上门,营业员笑脸相迎,彬彬有礼,讲究经营艺术和语言效果,揣摩顾客心理,打量顾客职业,估摸顾客购货水平,有的放矢,投其所好,从质量、价格上比较分析,让顾客考虑挑选,为顾客算料,力求经济合算。一笔生意成交,即介绍其他商品,百拿不厌,百问不烦,做到连锁推销,争取多做生意。顾客出门,热情相送,招呼再来。如遇大顾客光临,营业长闻声而至,迎进内堂请茶敬烟,货物一一送到面前,任其挑选。吃饭时间一到,迎至餐厅,待以美酒佳肴。同时坚持"一言堂",在柜台上方悬挂一块长3米、宽1米书有"一言堂"3个大字的镏金匾额,明码实价,照价付款,决不讲价。但量尺放松,"见十加一",即一尺加一寸,一丈加一尺,就是人们常说的"抛尺"。虽不讲价,但顾客觉得比别的店合算。

二是扩大宣传,陈列讲究。开张时或节日,请乐队,贴广告,送宣传画,大肆宣传。例如,开张时特地从长沙请来西乐队,张灯结彩,绕街游行,历时3天。游行后,西乐队仍在门市部楼上吹打,营造氛围。还采取买布送红包的方法,最先进店的顾客,往往只以一半左右的价格就能买到如意商品。开张几天,人山人海,熙熙攘攘,业务量超出预计。每逢节日,都搞这一套,招揽顾客。"九和"这一套,在当时属于出类拔萃,声誉鹊起。笔者在鳌中读书时,有时星期天上街就到"九和"转一转,看到店内高雅新奇,人气很旺,虽不购物,也是一种精神享受。"九和"讲究营业质量,每到一批时令商品或新兴花色品种,则显摆位置,吸引顾客,以示"人无我有,人有我多"。门市商品勤翻勤检勤整理,使之有日新月异之感。仓库保管使用多层木柜,分层保管,层层垫有石灰,避免发霉起斑。打捆时，投入樟脑丸，以防虫蛀。成捆商品用高脚架码起，通风透气。

三是经营灵活，跨行划拨。"九和"当时库存商品约值 1 万元。但在上海，采购京（南京）、沪、杭一带货物，连同在途商品，客户往来，出入有数万元之巨。怎么办？"九和"采取跨行划拨的办法，相互调剂，运转自如。例如，该店每天的销售款交顺昌隆油行购油脂，而顺昌隆油脂销往各地，"九和"可以动用其油款在当地进货划拨。

李湘彦其人

李湘彦，清宣统二年（1910 年）生，长沙望城人，是"九和"首任经理李笃斋的侄子。民国 36 年（1947 年）奉叔命来萍乡接任"九和"经理。

萍乡解放后，李湘彦接受党的教育，响应人民政府号召，积极搞好本身业务，及时完成政府交给的任务，"九和"走上新生。

该店在抗美援朝捐献、推销爱国公债、完成国家税收等方面，均走在前列。1954 年国家实行棉布统购统销，"九和"转为专业代销店。李湘彦积极参与整顿棉布业，主动提出将自己的工资由 330 分降到 210 分（解放初期的工资分配按分数计算人民币）。1956 年，他率领全店职工，敲锣打鼓，走上公私合营的道路。

由于李湘彦的出色表现，他以无党派爱国民主人士的身份从 1950 年起，先后当选为萍乡县城市区工商联副主任、县工商联副主任、省工商联执委、省人大代表、县人委委员。1956 年公私合营后，先后任县纺织品公司副经理，县百货公司副经理，县商业局业务经理部副经理，市百货公司副经理，萍乡县、市第一、二、三、四、五届政协委员、常委。

李湘彦，中等个子，白净面皮，满脸堆笑，风度潇洒，给人一种亲近慈和之感。笔者于 20 世纪五六十年代在县、市机关工作时，经常抽去做人大、政协"两会"工作人员，与李湘彦有直接接触，留下良好印象。

"文革"期间，李湘彦受到冲击，被诬成"反动资本家"，屡遭批斗。1970 年更以"莫须有"罪名被捕入狱。1971 年 11 月保外就医，旋即病逝，享年 62 岁。

党的十一届三中全会以后，经中共萍乡市委批准，推倒强加给他的一切诬蔑不实之词，恢复名誉。

萍乡药魁傅汝堂

◇ 肖英瑶

"信誉"二字是一个商号生存之本、发展之道。要做出一块招牌来，第一就要做到守信用。

新中国成立前，"傅成记"是萍乡一家鼎鼎有名的中药店。经营药材批发，在汉口、湘潭、樟树等地设有"行庄"。在萍乡城开设两个"傅成记"药店，在莲花县设有一个分店。业务之大，算萍乡首屈一指。经理傅汝堂成为萍乡的药魁，执同行业之牛耳。

傅汝堂，1901 年生，樟树山前街人。兄弟四人，他排行第二。由于家境贫寒，请人介绍来到萍乡"仁和"药店学徒。三年出师，店主见他笃厚老实，是把做生意的能手，乃留店任"中柜"，执掌批发业务。

随着他的薪俸逐年增加，自己有了一定的积累，于是辞主出店自谋发展。起初自有资本甚微，只能转手贩卖小批药材，由于他原在仁和药店多年，早已与汉口、湘潭、樟树等地大药店搞熟了关系，凭借人面熟悉，恪守信誉，逐步做到可以在各大药店拿"比期货"。从此进货有后盾，资本有人撑腰，遂于 1930 年带领自家三个兄弟，在衙正街正式开设"傅成记"

药店。由于经营有方，会拉生意，业务越做越兴旺，很快就发展成为萍乡首屈一指的大药店，拥有资产约 30 万银圆，各处共有店员工人 51 人，年批发业务近 100 万银圆，两个门市零售业务亦有 10 万银圆，在赣西一带颇有名气，在外省信誉卓著。后来有人笑话说，他是端了仁和药店的"筛子"。事有凑巧，仁和药店也确因后继乏人，经营不善，业务也就逐年衰落了。

傅汝堂是在 20 世纪 30 年代中药行业中崛起的人物，为什么后来者追上呢？除了他个人的艰苦奋斗和经营本领外，还有一个社会历史条件。在 20 世纪 30 年代初，正值土地革命战争时期，一些较大的老药店经营比较消极，而他虽然初出茅庐，却雄心勃勃，很少顾虑，故能把握时机，大胆经营，连莲花、永新等苏区的生意也敢于开展。以后抗战爆发，一些原来比较殷实的药店，有的为避国难收缩业务，有的后继无人，逐年衰落，都给傅汝堂提供了发展业务的有利条件。

傅汝堂也有过一段风险。在土地革命时期，萍乡"春和生"药店店主程海存是中共地下党员，利用本人所开药店设立"湘赣"边区采运站，输送药材及硫黄、洋硝、雄黄等军火物资。当时药材需要量大，单靠本店一家供应不来，需要多方面做好工作，其中特别需要傅成记在货源上给予支持。傅汝堂不怕担风险，源源不断地供应各种药材，有力地支援了革命斗争。反动派察觉后，程海存与傅汝堂二人均被捕入狱，傅汝堂被勒索 3000 元现洋，才保释出狱。程海存同志则被反革命杀害，现追认为烈士。

傅汝堂确实算得一个经商能手，精于计算，会写会算，能两手打算盘，擅长交际，个性内向，深谋远虑，城府较深，办事果断有气魄，对发展企业经营有一套独特的管理办法。

重信誉，讲交情

傅汝堂常对店内的同人说，"信誉"二字是一个商号生存之本、发展之道。要做出一块招牌来，第一就要做到守信用。

他特意在汉口、湘潭、樟树等地购置房产，设立"行庄"，以扩大影响，稳定信誉。但更主要的是做到严守信用，以博得外地各大药店的信赖与支持。他对比期货款从不拖延时间，甚至提前付款。即使有时资金周转不灵，宁肯出高息向钱店借款或贴血本卖货，也要保证比期付款。因此，傅成记这块招牌越做越红，外地各大药店都放胆把大批中药材赊给傅汝堂，他就是这样靠赊比期货，利用对方的资本扩大生意起家的。

广布网络，掌握信息，就地采购，增强竞争能力

除在汉口、湘潭、樟树等地设立"行庄"外，傅汝堂还在四川、陕西、河南、浙江、甘肃等药材产地，布下网络，托人带庄，设置耳目，沟通信息，就地采购。据他的店员回忆，傅汝堂几乎每天都要亲自写信给各地"行庄""带庄"，每天都有上十件来往电信通报行情。他一边吸烟，一边运神，分析情报，作出决策。比如抗战时期，了解到上海沦陷，沪杭线战局吃紧，浙江省各地大量抛售土货，他及时作出决策，派出得力人员，携款前往杭州、金华、温州等地大批采购白芍、玄胡、浙贝等浙货，运回萍乡储存。不久浙赣沿线各地相继沦陷，浙货来源中断，药材涨价，盈利颇丰，傅成记这一回就冲上去了。同行说，傅汝堂这趟生意好比"蒸馒头"，一下就发起来了。他又在湘鄂战局紧张之际，把原设在汉口的行庄撤回搬到樟树，那时汉口、沙市等一带大药店都把大批药材疏散到樟树贱价销售。他又及时地组织收购，从樟树到萍乡，几乎每天都有大批土车子

给傅成记运输中药材。长沙沦陷后，四川、甘肃、陕西等地所产的参、术、芩、草、归、芎、芍、地八大类主要药材来路截断，湘赣一带只有萍乡傅成记一家有存货。因此，宜春、醴陵等地的批发药商都纷纷来萍乡配货，由于药价飞涨，他又赚了不少钱。

随着批发门路越来越广，傅汝堂不仅赢得了同行们的敬佩，也引起了一些人的眼红。眼红他赚得多赚得快，说他是"豹子胆，有气魄，吃的信息饭，发的国难财"。

由于傅成记的药材购自产地，进价便宜，品种齐全，认真挑选，等级分明，质量可靠，批价又比别家低，但获利却比别家厚。傅汝堂还在招揽主顾上从多方面下功夫，经常派出人员到邻县和四乡药铺兜销药品，送货上门，印发行情单，广泛联络。他对来店批购主顾，总是热情招待膳宿；对挑货脚夫还要额外送给红包。由于往来关系拉得好，几乎垄断了萍乡的东南两面上高、万载、安福、莲花、永新等邻县的批发业务，鳌头独占。

膏丹丸散，遵古炮制

傅成记几个门市部均经营膏丹丸散等饮片及药酒等。傅汝堂对门市上的药品尽量挑选优质品种，做到无零碎、无次货、无霉烂，并将截出的头尾加工各种丸散，或浸泡药酒，既没有降低丸散药酒的功效，又提高了饮片的品相，药品炒、煎、熬、炼，遵古炮制。每年熬制虎、鹿、驴胶绝不掺杂，保持店誉。有时还在门市养活虎活驴，当众宰杀，以广招徕。因此，傅成记的饮片和膏丹丸散、药酒等名声外播。许多医生都认为他的药品疗效显著，处方时交代病家要去傅成记购药。因此门市业务非常兴隆，柜上十几个店员都应接不暇。

知人善用

俗话说："一个好汉三个帮"，傅汝堂对此很有体会，虽然自己善于经营，但没有好帮手不行。因此，他特别注意选用人才，笼络人才，量才录用。既不草率选用一个人，也不轻易解雇一个人。他对使用的人员表面宽和，实际要求很严格，平时沉默寡言，对人却细心观察，不是大事、不到火候不开腔。因此店中同人对他又畏惧又心服，都能兢兢业业为他效劳。

他雇请李长文先生进店担任管事，酬以高薪，充分信任，敢于放手，对方也因此敢于负责，帮助很大。他的四弟傅子戳长驻汉口"行庄"，负责采购，成为他的左右手，为傅成记业务发展起了不小的作用。按照樟树帮的规矩，每年正月初二日谈"生意"，决定职工的去留。店中员工都在这一天提心吊胆，怕被解雇辞"生意"，小心翼翼地不敢出店门，等候傅汝堂的呼请谈话。他对表现诚实、勤奋工作的员工在谈话时，好言勉慰，并根据不同情况增加薪俸（那时讲月米），以示奖励。轮到最后少数人，则写张"另请高就"的条子要徒弟转递，意即解雇。但傅汝堂开店 30 余年，大多数都是留任多年的老店员，主宾关系相处较好。有些员工即使有别家出高薪挖墙脚，也不愿离开傅成记。傅汝堂还很讲乡情，对本行失业同乡来萍找工作的，均招待膳宿，如未就业，还送回家路费，因此傅汝堂也获得桑梓的好评。

店规严格，赏罚分明

在企业管理与职工福利方面，他有一套比较完善和严明的制度。制定了员工"六不准"：不准宿娼，不准赌博，不准偷盗，不准误工（迟到早退），不准挪用公款，不准不服从指挥。店规一视同仁，即使管事先生也不例外，每天要赶来店中吃早饭，不得误点，用严格的店规约束员工忠于职守，并养成良好品德，杜绝不良嗜好。对学徒要求更严，指定师父监督管教，三年出师时，要经考核，按业务能力给予不同薪俸，促使学徒积极钻研业务，求得长进。

为了让员工积极给他效劳，店员的伙食、吸烟、理发等费用都由店中开支。据老店员们说，傅汝堂常说"三分赚钱，七分赚吃"。所以，傅成记的伙食特别好。上至账房下至作坊，一律平等待遇，每月两次牙祭，逢年过节，摆酒席相待。过春节时，从初二日"起牙"，吃二十个盘子起，此后一日减一个盘子，减到十五元宵日为止。员工有探亲假，亲属子女婚丧假，工资照发，年终按店中盈利情况，根据每个人的工作表现，分别批给"红利"。实行这些待遇，对鼓励员工为他卖力起了一定的作用。

傅汝堂不但对员工的管理是严格的，赏罚是分明的，即使对自己的子侄也是一样。他的三弟去世后，侄儿傅鹏生刚从中学毕业，即进店从业。这年春节，侄儿穿件狐皮袍子来给他拜年，他问侄儿："鹏生，你今年贵庚多少？"侄儿不懂这句话的言外之意。望着傅汝堂发呆。他于是教导说，"你今年才 20 岁，就穿狐皮袍子，到了我这么大年纪，那你要穿什么？要知道创业不易，守业也难，现你正在学做生意，要力谋事业发展，绝不可贪图享受。"

傅汝堂管理店员以店规为准绳，违反者轻则不加年薪，重则开除解雇，特别对偷盗行为，规定要捎被服帐子请出，永不录用。

傅成记在解放前虽经时代风云变幻，但在傅汝堂的灵活经营下，这块招牌还是历久不衰直至解放。

解放初期，由于对共产党的政策心存疑虑，傅汝堂曾抽走、冻结部分资金，后来通过党和人民政府的教育，疑虑消散，要他的学徒傅秋如把他亲手埋藏的金银挖出来（计黄金 100 余两、银洋 8000 多块)，增加店中资金，扩展经营，并响应党的号召，爱国守法，踊跃认购建设公债，捐献飞机大炮，完成国家税收。

　　傅汝堂于 1952 年病故后，由其四弟傅子戬掌握业务，并在 1956 年参加了全行业公私合营，走上了社会主义康庄大道。

南正街街头雕塑

孙焕亨先生与明济药房

◇ 何章生

　　孙氏常说："我以药物集财，还得以药物散财，赤膊来赤膊去，不以财为子女累。"

　　晚清，朝廷和民间普遍习用中医中药。自辛亥革命之后，西洋成药始被引进。其时，在萍乡率先引进西洋成药，提倡中西结合的先行者，是明济药房经理孙焕亨先生。

　　我为孙氏子婿，16岁起即承耳提面命，常侍在侧，故耳熟能详。但也由于时逾半个世纪，物换星移，加上年逾花甲，记忆衰退有些模糊了，乃特走访孙氏故旧程任父先生，哲嗣、庆麟同志和张重能同志（已退休），承述焕亨先生往事，历历在目，今据实记之。

创设药房

　　孙氏世居萍城大巷子，其先世以书纸印刷为业，生计艰难，仅能糊口。因父母早故，茕茕子立，蒙叔婶收养，始得长大成人。未及弱冠，从师学习刻字，后改攻摄影术。

摄影在当时算一种新技艺。孙氏专心致志，笃诚勤奋，很快就掌握了这门新工艺，遂与南昌旅萍的钟表修理工刘迪峰结伴游乡，奔走于萍（乡）、宜（春）、分（宜）、万（载）之间，由于交通梗阻，关山难越，且肩挑背负，寒暑无间，有时不无时疫小恙。他们为了防身保健，在赴长沙、汉口购买照相器材的时候，顺便买了一些西法监制的常用药物带在身边，以备不时之需。这些药不但见效快，而且非常方便省事。那时有些地方常有痢疾、伤寒等时疫流行，往往死亡枕藉，猖獗可怕。孙氏痛感于中药的炮制熬煎旷日费时，缓不济急。为了解除病家苦难，孙氏萌发了经营西药的念头，毅然筹集部分资金，专程前往汉口、广州精心选购奎宁（金鸡纳霜）、唐拾义发冷发热丸等新药，赶赴疫区销售。

对贫病交迫无钱购买者，免费奉送，不取分文。经过服用效果极佳，活人无数，这就加深了孙氏对西药的认识，为其后来开设药房经营西药奠定了思想基础。

民国初年，孙氏出入各大商埠时，见已有西药房之设，但纷纷取名"中英""华美""中法""中德"等中西合璧的牌号，对此，孙氏不以为然，认为崇洋媚外不足取，却又主张泰西各国先进的东西大可引进，为我所用。

他本人尊儒信佛，传统道德观念很强，认为从事医药事业，应以仁慈为本，救死扶伤为病者解除痛苦。因此，他的药房取名"明济"，寓"明心济世"之义。同时孙氏择定萍乡县城闹市所在的衙前上首，修理门面，从外埠引进各国新药、针剂、医疗器械等，布置一新，惹人注目，轰动城乡。从业人员衣着整洁，仪表端庄，热情接待，耐心介绍，为西药的推广做了很好的宣传。由于西药包装精致，说明详尽，携带方便，服用省事，疗效显著，一时极为行销，业务蒸蒸日上。一般治疗急性疾病的西药，中医也广为采用。不少退伍回乡的军医或对医科、药理素有造诣者，喜见萍乡已有西药房之设，为西医医院、诊所的设立，创造了有利条件。首先有

"普爱"医院的设立，接着有天主教徒办的"圣心"医院的开业。这两个医院，天天门庭若市，就诊者络绎不绝。随着个体西医诊所在城乡也陆续出现。从此，西医西药渐次普及萍乡，大有取代中医之势。

广泛支持

到20世纪40年代初期，萍乡各乡纷纷倡建乡镇医院，如长平的黄道腴、腊市的彭颐真、南坑的李颂怡、芦溪的张有昭等曾为建立乡镇医院，就商于孙氏，请求支持。

孙氏为了提高经济效益，扩大服务网，因势利导，主动联系，开拓经营。不久长平的平安医院、腊市的五峰医院、南坑的南溪医院、芦溪的濂溪医院以及醴陵县的杜海云诊所，西乡的泗汾医院均陆续开业。萍中校长孟琦为了筹建校医室，多次就商于孙氏，得到支持，因而得以很快就绪，为全校师生的医疗提供了方便。接着宜春、万载、安福、莲花、永新、平江、浏阳、茶陵、攸县等地公私医院、诊所先后前来求援。孙氏乐于接待，有求必应，竭诚表示愿意大力支援，作为他们的总药房。对资金不足的，通融挂账；人手不足的，送药上门；不熟悉使用的，详加介绍；药物不合销的，可以回换；刚到新药，分发试用；紧俏药品，重点满足，普遍照顾，千方百计促使湘赣边区西医医院、诊所从无到有，从小到大，从单科到综合，从简单到完备，逐步形成遍地开花的新局面，为新法治疗的普及推广起了推动作用。他与部分乡镇医院的业务交往一直维系到解放。

特制成药

土地革命战争时期，苏区遭到层层封锁，加上时疫流行，军民缺医少药。当时红军地下组织"赣西采运处"交通员蓝家云佯装挑夫，经常到春和生采购中药，到明济采购西药，间道输入苏区，孙氏明知犯"法"，假装不知，接过采购计划，尽其所有，配齐配足，且优惠照顾，彼此心照不宣，对苏区的防疫治病起过有益的作用。

孙氏每次派采购员外出，都要再三吩咐搜集名药配方和医药技术资料，先反复实验，待认证成功，即广为传播，使各地医院、诊所效法仿制，对西药成药剂的开发颇多建树。

抗日战争时期，海运封锁，交通断绝，西药来源中断，供应十分紧张，为儿童消积驱虫的鹧鸪菜和一些常用药物在市场上几乎绝迹。孙氏延请名医，查阅药典，搜罗配方，特制"强儿果""胃钥"等成药，批量生产，保障供给，为缓和市场医药紧张、解除病家痛苦多作贡献。其特制药物认真配方，讲究质量，疗效卓著，适销对路，遍销湘赣边区各县，普及城乡，深受好评。

中西结合

孙氏经常谈论，中西医药各有所长，如果在临床上实行中西结合治疗，必然相得益彰。

他是这样讲，也是这样做。他先从本人和亲属做起，每遇疾病，先请中医探明病情虚实，既而配合西医体检（验血、测温、量血压、透视等），诊断病候，然后采取中西医结合治疗。有时先用西药针剂开始，后用中药善后；有时一边打针，一边服中药。实践证明，并无不良反应，而且疗效更为迅速，他就是这样从实践到认识，再实践，再认识，总结出一条中西医药相结合的新路子，并在柜台进行相应的宣传。如法治疗者，累试累验。

以药散财

为了进一步方便群众，孙氏在门面还设有夜间营业窗口，不论数九寒天还是深更半夜，有呼必应，亲自接待，不惮其烦。

1946年11月，观丰乡农民谢希纯妻子张淑嫒难产，清晨发作，至晚尚未分娩，呼天抢地，死去活来，请邻居施炳冬偕同谢的侄子前来明济买药。孙氏觉得产妇用药必须谨慎，且单独用药也不解决问题。他问明情况以后，亲自出门代请肩舆，直奔县城街背"叶同升"，请老接生员放驾，临床助产，并派店里炊事员陈开生提灯笼引路，产妇终得平安解产。第二天孙氏还亲往看望，一切费用孙氏已抢先付给。谢氏全家感激万分，至今不忘。

孙氏平常对穷人买药一般不收分文。他还特制一种黄色处方笺，委托中老名医程任父先生、康愚殊先生等，视病家家庭景况，确实困难的都用此特制处方笺。只要病情需要，不论药物贵贱，都可开向本街约定的傅成记等中药店抓药。药店凭该特制处方笺发药，只要写明价码，不收钱，待每月终了，孙氏亲自登门结账付款。此事孙氏存心"积阴德，行善果"，从不与外人道及，故鲜为人知。孙氏常说："我以药物集财，还得以药物散财，赤膊来赤膊去，不以财为子女累。"故其毕生以事业为重，视钱财如浮云。

1956年在社会主义改造中，明济被批准首批参加全行业公私合营，以大带小，吸收西药行业的小商小贩参加企业工作，孙氏被任命为经理。他把企业走上公私合营比喻为枯木逢春，对企业的经营管理竭智尽忠，献计献策，直至生命最后一息。

南正街七旬老人入党成佳话

◇ 王险峰

在入党申请中，王舜笙同志写道："此生自顾无他念，矢志唯求马列真。"充分表达了他对中国共产党的一片赤诚。

1949 年下半年，为扩大工商联系，加强团结，以贯彻"发展生产，繁荣经济"的工商政策，萍乡县城市区人民政府通知："各界人们代表会第二案决议组织萍乡县城市区工商业联合会，当推定王舜笙、胡伯屏、廖云等 17 人为筹备委员，业经本府核准，希从速进行筹备工作。"工商联筹委会旋于 1949 年 12 月 2 日召开第一次筹备委员会议，互推王舜笙为主任委员，胡伯屏、廖云为副主任委员，成立萍乡县城市区工商业联合会筹备委员会，并进行接管旧县商会、工商业的调查登记、调整行业组织、筹备以民主方式产生"萍乡县城市区工商业联合会"、草拟组织章程等工作。

谈到岁月更迭中的南正街，尤其是 20 世纪 30 年代之后的南正街往事和变迁，萍乡工商联的初创人王舜笙同志堪称当时的"老萍乡""活档案"。

出身于工商业世家的王舜笙同志，自小随家族在南正街经营"惠丰祥"商号，20世纪30年代还担任萍乡吉州小学董事会董事长兼校长。受好朋友及进步人士傅白芦、王振邦、陈敬行等的引领，毅然投身革命。在20世纪50年代社会主义改造过程中，为起示范作用，王舜笙动员自己的父亲接受对资本主义工商业的改造，将苦心经营30多年历经风雨的企业，申请自愿参加公私合营。王舜笙为萍乡解放和新中国的萍乡工商事业做了大量工作，得到党和人民政府的信任、器重。

1953年3月，在中共萍乡县委和县人民政府领导下，举行全县工商业者代表会议，成立萍乡县工商业联合会，王舜笙被选为专职主任委员，至第二届、第三届、第四届、第五届一直为（县）市专职主任委员。

自1953年始，萍乡工商联从无到有，在自身发展的同时，积极组织、带领大量企业快速发展。比如：动员上栗镇13家鞭炮企业，将闲余资金投入上埠镇河口瓷厂，得以将河口瓷厂发展成为较大企业；将一部分铁器业和修理业会员，在工商联的帮助下实行联合经营，成立群力铁工厂，并先后引导一些商业企业的富余资金投资购置设备、土地，路子越走越宽，先后改名为萍乡群力机械厂、国营萍乡机械厂，最后发展为萍乡汽油机厂、江发集团。1982年，为节约煤炭消耗，方便群众生活，王舜笙同志在大量调研和征求意见的基础上，写出可行性研究报告，大力推广使用蜂窝煤，建议得到政府采纳后，成立了生产蜂窝煤的煤球公司。

1982年4月，被停止活动16年之久的萍乡市工商联，在中共萍乡市委的关怀下，重新恢复活动。曾在这一岗位上战斗过20多个春秋的王舜笙同志，从基层又回到了熟悉的岗位。此时他已年逾六旬，深感人生短暂、时间可贵，坦然面对种种困难，带领工商联再次白手起家。同时，不厌其烦地宣传党在新时期的统战政策和工商联在新时期的性质、任务、地位和作用，并发挥自己"老萍乡""活档案"的特点，主动了解工商联成员的思想、意见和要求，积极落实党的政策，帮助解决各种悬而未决的问题。王舜笙同志的一言一行、一点一滴，像润物春雨滋润工商联成员的心灵，消融大家的疑虑，使大家积极为工商联的工作出谋献策、作出贡献。

王舜笙同志同中国共产党肝胆相照、风雨同舟，带领当时于南正街办公的萍乡工商联，为萍乡的工商事业战斗了40多个春秋，其个人及萍乡工商联当时的先进事迹名闻遐迩，多次被评为省和国家的先进工作者、先进单位。即使"十年动乱"期间，自己及夫人、子女受到冲击，被下放到山区劳动，下放到商店当营业员，接受触及灵魂的"革命"，王舜笙同志也从没有动摇过对党和社会主义的坚强信念。

1954年冬，筹建中国人民政治协商会议萍乡县委员会，1955年成立了首届萍乡政协，王舜笙同志被推为委员。1957年举行第二届政协全委会议，被选为常务委员；1959年举行第三届政协全委会议，被选为副主席；1961年举行第四届政协全委会议，被选为常务委员；1963年举行第五届政协全委会议，被选为副主席。粉碎"四人帮"后，1977年至1982年任江西省第五届政协委员会委员。1982年4月，回萍乡市工商联及市政协工作，先后当选为第六届、第七届政协副主席。政协工作期间，王舜笙同志积极筹建民建在萍乡的组织并主持工作，1988年召开第一次会员大会，民建萍乡市委员会成立，被选为主任委员，1994年退居名誉主任委员。

王舜笙同志多次提出申请，要求加入中国共产党。但为了更好开展非党群众工作，省、市组织和领导均希望他暂时留在党外，王舜笙同志没有任何怨言，虽然组织上没有入党，思想上却不断鞭策自己，努力学习，坚持自我提升。在入党申请中，王舜笙同志写道："此生自顾无他念，矢志唯求马列真。"充分表达了他对中国共产党的一片赤诚。

1992年6月30日，作为一名经历新旧两个社会的73岁白发老人，王舜笙同志终于实现自己的夙愿，面对党旗，与其他新党员一道举行庄严宣誓，成为一名光荣的中国共产党党员，也为江西工商界成就了一段佳话。

杨胡子米面的前世今生

◇ 刘 兴

就是通过这一碗碗面条，薄利多销，日积月累，经过多年的打拼，给杨胡子带来了巨大的财富。

萍乡地处吴头楚尾，自古以来商业发达，城内商贾云集，店铺林立，仅经营米面生意的店铺、摊位就有几十家。而其中尤以位于南门孔庙附近的杨胡子米面店生意最好、口碑最佳，每天从早到晚，顾客络绎不绝。

"杨胡子米面"的创始人叫杨发祥，五短身材，满脸络腮胡子。他家境贫寒，目不识丁，十六七岁便在孔庙前的坪里摆米面担子，生意越做越大，最后在孔庙附近买下一个店铺，专营米面。店面没有招牌，全靠顾客的口碑，口口相传造就了"杨胡子米面"这块金字招牌，延续至今。

笔者幼时与杨胡子为邻，见证了杨胡子靠卖米面发迹的过程。为什么他能在众多的竞争对手中脱颖而出，独领风骚，打造出萍乡饮食行业中的一块金字招牌呢？总结起来，我觉得有如下特点。

首先是遵循质量第一的经营理念，在选料、制作上精益求精。米面的原料，选自本地大安里山区的上等稻米，用水浸泡后，用手工磨成米浆，烫出来的面皮像竹纸一样，晶莹剔透。切成的面条状如银丝，不黏不断，吃起来爽滑可口。

其次，那个年代没有味精等调料品，要做到味道鲜美，完全靠事先熬出来的一锅好汤。在店内的灶头上，埋下一个大的铁鼎罐，里面日夜沸腾着用大骨、肉皮熬出来的乳白色的汤。油则是用上等猪板油熬制出来的，特别香。

再其次，在佐料的选用上，也各有特色。如臊子肉，选的是上等猪里脊肉，待其在汤内煮熟后，切成细丝，无筋无蔓，爽嫩可口。酱油也是选自本地有名的"正兴豆豉店"的上等酱油，自碾的干红辣椒内无籽无皮屑，吃起来不塞牙。连葱花也要用本地的四季香葱，茎短叶细、青白分明。

就是用这上乘原材料制出的米面，那乳白色的汤、晶莹的细面条、金黄的酱油、白色的臊子肉、鲜红的辣椒粉和青翠的葱花，伴着热气腾腾的香气扑鼻而来，在视觉和味觉上都是一种极大的享受。

还有一点至关重要，就是顾客至上，不媚客，不欺客。对不同身份的人，根据他们不同的要求，分别对待，加以满足。如：早上和上午来的顾客，大多是街上的商人和穿长袍、西装的有钱人，他们看重口味，所以他们碗中的面条少而臊子肉特别多；而中午和下午的食客，多半是从乡下进城的农民和城内卖苦力的劳动者，他们看重的是尽量吃饱肚子，所以他们碗中的面条特别多，而其他佐料一点不少，仅仅少了点臊子肉。

就是通过这一碗碗面条，薄利多销，日积月累，经过多年的打拼，给杨胡子带来了巨大的财富。解放前几年，竟在学前巷内建了一栋漂亮的三层楼房，还有钱供儿子读书，这在当年可称得上是个奇迹。

随着时代的变迁，1954年公私合营后，个体经营者并入了饮食服务公司，杨胡子米面的招牌不复存在，渐渐地被世人遗忘。只有那些上了年纪的人想吃米面时，还会谈起杨胡子米面的难忘味道。

斗转星移，20世纪80年代，改革的大潮在神州大地涌动，个体经营

杨胡子米面店

者、私营企业不断壮大。为了给他们壮胆、鼓励他们大发展，萍乡市着手恢复萍乡原来的名牌产品，经过一番筹备，中断了几十年的杨胡子米面店又重新营业了。这一时成为街头巷尾的热门话题。

此后，除了南门孔庙附近的老店由大儿子一家经营外，其他的后人在市区东南西北繁华地带开了多家杨胡子米面店。

特色，是名牌产品的灵魂，传统的制作工艺是创造名牌的重要手段。舍弃了这些，名牌便不复存在。杨胡子经过几十年的打拼，创造出这块金字招牌实属不易，希望他的后辈们要倍加珍惜，在原有的基础上更加精益求精。

岁月悠悠，携手同乐

◇ 尹世萍

有人会自豪地告诉你说："我的结婚宴就是在同乐做的呀！"

店铺林立，叫卖声此起彼伏，孩子们在街头嬉戏，手拉气球在人群中穿梭，一派繁华，一派祥和，仿佛一幅现实版的清明上河图。

这就是现在的南正街，让萍乡人民牵挂和自豪的南正街。

走过老萍巷，穿过老九和，便到了现在的万邦同乐酒楼。刚到楼下，隐约闻到的菜香，会让人垂涎欲滴。

说起同乐酒楼，能够激起很多人无尽的回想。甚至，有人会自豪地告诉你说："我的结婚宴就是在同乐做的呀！"

当年的同乐酒楼，坐落南正街，面向西大街（八一街），是萍乡的一张美食名片。它好比北京的全聚德、长沙的火宫殿，是一个"暖风熏得游人醉，直把杭州作汴州"的所在。

要讲同乐的故事，不得不提一个人，那就是王俊人。他是同乐酒楼的创始人，因为体形较胖，被萍乡人民亲切地称为"五壮"。在 20 世纪 80 年代和 90 年代，如果你不知道"五壮"是谁，就会被认为不是真正

同乐酒楼

的萍城人。

　　"五壮"原是萍乡市饮食服务公司的员工、副经理，1998年后曾担任萍乡烹饪协会会长，市第十届人大代表，市政协第七、八届委员、常委，是1995年江西省"五一劳动奖章"获得者。

　　1983年，在饮食服务公司朱增藩经理的鼓励和支持下，"五壮"带领朱克华、陈苏琪、王志萍等人成立了同乐酒楼。初创的同乐酒楼非常艰苦，资金和资源极度匮乏。7月5日开业时，大厅只有十几张桌子，一个小的包房里面的三张桌子和凳子，还是去萍乡饭店借的。据同乐前员工王志萍回忆，炒菜的油还是去当时同属饮食服务公司旗下的春风面馆借的。

　　就是在这样艰苦的条件下，"五壮"带领他的团队从无到有，管理上严肃认真，技术上精益求精，硬是一步一个脚印，把同乐酒楼做成了萍乡最大、最有特色、最出名的酒楼，成了萍乡餐饮行业的标杆，傲立于萍乡几十年。

后来随着"五壮"的离世、南正街的拆迁，几经变故，同乐酒楼也曾一度淡出了萍乡人们的视野。

随着脱胎换骨的南正街正式开街，同乐酒楼在老员工尹世萍和他的同学张向阳、阳柳荫等人的共同努力下，再次强势回归，并易名为万邦同乐酒楼。

新的万邦同乐酒楼装修风格独特，采用外景内布的手法，把老南正街拆除的房子复制在大厅的右侧，左侧则代表新的南正街，中间的小河代表萍水河，河上的船再现了江南水乡的独特风景。

看到凤凰涅槃后的同乐酒楼，笔者不禁诗情涌动：昭王得萍实，佳名冠此乡。吴风融楚韵，千年传续长。腊肉炒冬笋，血鸭放生姜。冬至鲤鱼肥，春来艾粑香。举杯南正街，起舞萍水旁。餐饮百花开，全靠国富强。

岁月匆匆，往事容易流逝，希望"五壮"的工匠精神成为同乐酒楼的优良传统。

新南正街的新商家

◇ 尹湘宜

"南正街是一个集文旅商于一体的古街，我们相信，这里将会是萍乡地区文化产业的展示窗口。"

2019年9月，改造中的新南正街开始招商，引发了市民及商家的广泛关注，很快迎来第一批入驻商家。目前，已有百余家知名品牌签约入驻，其中不乏萍乡本地的知名企业。除了老字号的同乐酒楼、九和、杨胡子米面等，新的知名企业和外来企业有老萍巷、宏明食品、昌盛大药房、清茶馆、欢乐季等。

网红打卡地——老萍巷莲花血鸭餐饮连锁店

莲花血鸭是江西十大名菜之一。

老萍巷莲花血鸭餐饮连锁店，是一家以经营莲花血鸭为特色的餐饮名店，曾荣登湖南卫视《天天向上》、央视《报道品牌》、江西五套"2017年推荐餐厅"。店内的莲花血鸭是主推名菜。

莲花血鸭据说来自南宋丞相文天祥兴师勤王一事。宋景帝元年(1276年)，元军占领临安（杭州），大举南下。莲花境内数千壮士在吴希奭倡议下，群起响应，抗击元军。文天祥来到莲花后，要与抗元壮士饮血酒、振士气。结果厨师一不小心，把血酒当作调料倒在锅中炒了鸭子，弄拙成巧，炒出了一份鲜美可口的莲花血鸭，让文天祥大喜，因此振作了士气。

老萍巷莲花血鸭

如今，老萍巷莲花血鸭已成为一张萍乡的美食名片，门店也从萍乡本土开到了上饶、宜春、南昌等地。

江西著名食品企业——宏明食品

萍乡宏明食品厂是专业从事野山枣糕、老婆饼、松花片、桃酥、蛋糕、喜饼、月饼等产品及农副产品深加工的食品企业，拥有大型的生产基地和先进的生产设备。产品在江西、湖南、江苏、浙江、上海、广东、湖北等地获得消费者的广泛好评。

作为有30余年生产历史的本土企业，其萍乡特产早已深入人

宏明食品

心。宏明食品带着宣传萍乡特色美食的心愿来到了南正街。据了解，宏明还会将武功山茶叶、武功山紫红米、莲花血鸭、芦溪杜仲猪肉等萍乡特产与现有产品进行融合，在南正街店得以体现。

不同于其他门店的时尚简约风格，宏明南正街店的装修以古典为主题，分版块展示萍乡的特色产品，让外地朋友来到萍乡、来到南正街后，能够通过美食了解萍乡的文化特色。

全国连锁药房十强企业——昌盛大药房

昌盛大药房经过 20 多年的探索与发展，已从最初的江西萍乡"昌盛日夜诊所"，成长为连锁门店覆盖江西、湖北、广东、安徽、浙江、四川、福建、广西等地的全国性连锁企业，公司拥有连锁门店 1650 家、员工7000 多人。2016 年，公司战略总部及电商总部进驻深圳。

多年来，昌盛大药房秉承"健康快乐更多人"的价值观，在创造社会

昌盛大药房

价值的同时不断地提升公司的品牌价值，先后荣膺全国百城万店无假货示范店、希望工程 30 周年突出贡献奖、中国医药行业影响力榜单连锁药店十强、中国药店综合实力百强企业、中国药店直营连锁百强企业、江西省优秀企业、江西省防控新冠肺炎疫情突出贡献企业、萍乡市市长质量奖等荣誉。

全国百佳茶馆——清茶馆

茶文化生活美学空间"今久·清茶馆"，是一家专注做茶、用心打造茶文化的老字号茶馆。

"今久·清茶馆" 2012 年被评为全国百佳茶馆，2013 年被选为国家开放大学茶文化实训基地，2020 年 1 月迁至南正街。

一叶香茗藏世界，半壶清茶煮乾坤。清茶馆装修风格古朴典雅，温馨怀旧。进得清茶馆，茶诗、茶情、茶韵无处不在。"今久·清茶馆"创始人

清茶馆

童遵燕对茶文化专注、喜爱并潜心研修。该茶馆在茶叶主产区有自己的采集基地，经营各大品牌茶叶、茶具、茶礼，并从事茶空间设计、茶会沙龙定制、茶艺培训交流等。

夜宵头牌——泉哥美食

泉哥美食餐饮文化有限公司成立于 2010 年，经过 10 多年的发展，现已成为萍乡餐饮行业颇具规模的企业之一。

泉哥美食南正街店倾心打造绝佳美味——"手抓小龙虾"作为招牌特色，其蒜蓉大虾、油焖大虾、至尊口味虾、麻辣卤水虾等一直深受广大消费者的喜爱和好评。

泉哥作为公司的创始人，有着不外传的龙虾秘方，龙虾全部采用萍乡本土无污染的稻花龙虾，"泉哥龙虾，全是活虾"成了消费者的口头禅。

萍乡的音乐酒吧——聚酱音乐馆

年轻的音乐人对南正街有着特殊的情感。聚酱音乐馆是由一支四人乐队发起成立的酒吧，乐队的名字叫"南桥草帽"，来源于南正街的一首童谣——"要到南门桥，捡到烂草帽"。

聚酱音乐馆是一个专门为艺术人打造的展示平台，

聚酱音乐馆

更是大众进一步接触酒吧文化的便利渠道。在装修设计方面，音乐馆延请萍乡籍知名设计师，呈现出了最具本土气息的音乐氛围。

作为首家入驻南正街的 livehouse（小型现场演出场所），乐队主唱兼吉他手欧阳对未来充满着期待。他说："南正街是一个文化传承的地方，作为年轻人，我们希望能够继承这份荣耀，沾点文气。"

聚酱音乐立足于萍乡，致力成为萍乡乃至赣西地区集音乐演出和潮流文化于一体的代表性品牌。

现烤汉堡领"鲜"者——欢乐季

欢乐季成立于 2014 年，目前在全国有门店 110 多家，主要经营的美食有现烤美式汉堡、炸鸡、甜品等，凭借其特色美食和贴心服务赢得了广大消费者的高度认可和青睐，在美食行业占有一席之地。

"南正街是一个集文旅商于一体的古街，我们相信，这里将会是萍乡地区文化产业的展示窗口，这也是我们把主城区内的第一家店开在这里的原因。"欢乐季区域经理钟祯鑫说道。作为欢乐季品牌在萍乡站的枢纽，欢乐季南正街店以南正街为主城区的起点，扎根萍

欢乐季

乡，向周围延伸。未来，欢乐季将继续以欢乐为主导，向顾客展示"欢乐传递，一路向前"的氛围。

百年老火锅——谭鸭血

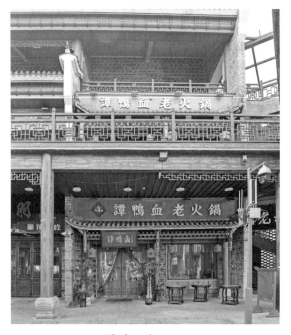

谭鸭血老火锅

谭鸭血老火锅起源于清末民初，是扎根于巴蜀大地的民间至味。

谭公餐饮在传承与发扬传统美食的同时，融火锅研发、火锅加盟、火锅联营、火锅商超、标准化原料厂房、物流配送、有机农产品开发等多种经营于一体，专心、专业、专注火锅领域，使谭鸭血百年老店的品牌影响力遍及全球。

萍乡第一家谭鸭血老火锅就开在南正街，一进门就能看到两口龙头锅，很是壮观。装修以传统的川西风格为主，红灯笼、红木桌、砖瓦墙、特色饰品，古色古香的氛围能让人瞬间穿越到成都街头。

有着1700多年历史的人文老街

市井風情

萍乡
南正街

永远的居仁巷

◇ 彭荆风

　　母亲接到电报后，兴奋得几乎是一夜没有睡，不断地走进走出念叨着："他就要回来了，他就要回来了，他总算能够回来了……"

　　萍乡有很多老街巷，有的拆毁了，有的还残留着。我离乡太久，对它们多数印象不深，只有那条正大街附近的居仁巷长久留存于我的记忆中，因为20世纪50年代中期，我母亲姚淑贞和弟弟妹妹们在那里居住过。

　　那时候，我驻守于滇西南边地，横断山脉两侧邮路不畅，从边疆往内地寄信，要通过马帮、汽车、火车长途辗转运送。每次写家信时，我都会用心地把这街巷名写得清楚、端正，唯恐因字迹潦草、模糊，而投递有错。

　　1956年秋，我的电影剧本《芦笙恋歌》初审通过，要去上海、长春修改。从1949年随军进入西南后，我还没有回过家，这次可以去看望母亲和弟弟妹妹们了，就按照火车过萍乡的时间发了份电报到居仁巷。

　　母亲接到电报后，兴奋得几乎是一夜没有睡，不断地走进走出念叨着："他就要回来了，他就要回来了，他总算能够回来了……"

我虽然也知道母亲经常挂念我，但那时候终究还年轻，却不知道老人对儿子的想念是那样深切。

我所乘的那趟火车是第二天下午 2 时在萍乡站停靠，但母亲盼子心切，上午 10 时就早早地去到了车站。我二妹妹提醒她："还早呢！"她说："我知道。我在家里坐不住。"妹妹又问："你不吃中饭了？"她却说："吃。送饭来，送饭来。"

妹妹拗不过她，只好用个竹篮把饭送到车站。那顿饭她也没有吃好，一听见车轮响声，不管是客车还是货车，就急匆匆地奔上站台，唯恐我会坐车急驰而过。这份担心、焦虑，把弟、妹们都吓着了，唯恐她会急出病来，更怕她在奔跑中摔着……

好不容易熬到下午 2 时，我乘坐的那趟列车终于进站了。虽然七八年没有见面，母亲却一眼就认出了还在车门里、没有完全露面的我，大声叫着我的名字。

我急忙跳下车，扑向母亲。见母亲瘦多了老多了，我心里一酸，眼泪扑簌簌地滚了下来。母亲却没有哭，只是紧紧抱住我，仍然像我小时候从远处回来那样，用她那做家务事太多、早就很粗糙的手指温柔地抚摸着我的脸、肩、背，喃喃地说："回来了！总算回来了！"把我抱得更紧了，似乎担心我又会乘上车远去。直到长笛响起，那列火车开走了，站台上的人也走散了，她才放开我，不过仍然紧紧抓住我的手，牵着我走出火车站，走向居仁巷。

火车站离居仁巷较远，要从北至南穿过几条街巷，她也没有松开我的手，不住地问这问那，弟、妹们想亲近我这个既熟悉又陌生的哥哥，和我说几句话，也插不上嘴，只能羡慕地跟在后边。

长约 150 米的居仁巷是正大街附近的一条老巷道。据说在清代乾隆以前就有了，虽然颇狭窄，仅有两三米宽，却多是深宅大院，颇清静。母亲他们在当时门牌为 30 号的一座老宅院里租了一间窄长的厢房居住，阴暗、潮湿。我却觉得很亲切，有母亲和弟弟妹妹们住在这里呢！

那一夜母亲对我有说不完的话，说父亲在哮喘中痛苦地去世，说无钱给二弟治病，使他不幸早早夭折……母亲却没有掉一滴眼泪，从 1944 年父亲失业后，她就在贫穷困苦中挣扎，眼泪早就哭干了。

母亲很记得我小时候爱吃什么。那几天，给我包饺子，摊烙饼，煎荷包蛋，做家常豆腐，炒虾米萝卜丝……在外多年，母亲做的饮食常令我魂牵梦萦，如今又能吃到，很是高兴。我也从弟、妹们的兴奋情绪中明白，如果不是我回来，他们平日也难以有这些菜肴吃，我很难过。部队在 1955 年以前都是供给制，我无力照顾家，只能在得到稿费时寄点钱回去，但那收入不稳定，时有时无。

我特意去菜场买了鸡、鱼、肉回来，想让长久不见荤腥的母亲和弟弟妹妹们改善一下生活；弟、妹们为之雀跃，母亲却会关切地拦阻："别花钱了，你在外边也艰难!"我听了更难过。

几天后，我要去上海再转长春，母亲的欢快神情顿时消失了。我告诉她，从长春返昆明前，还会回家住几天，她才压下凄楚送我上火车。

3 个月后的 12 月末，我的剧本修改完并顺利通过，长春电影厂见我出来久了，愿为我买机票从北京飞昆明，我思亲心切，还是绕道京沪、浙赣铁路返回萍乡。

那几天全家很是欢快，母亲满脸是笑容。

我常牵着 9 岁的小妹园园在居仁巷的窄小巷道里走来走去。这小巷虽然安静，从无车马喧闹声，适于居家，只是母亲日渐衰老，弟弟妹妹又小，大姐在乡下卫生所工作很少回来，老小缺乏人照顾，令我不放心。我想把他们接往昆明，但当时在我们这一级干部中还没有先例，得回去请示领导，不知能否批准?

不过有了这一想法，我心里的忧虑才减少了一些。

我走时，母亲又像我来的那天一样，紧紧抓住我的手走出居仁巷，走往火车站，但她仍然是那样沉静，没有掉一滴眼泪，反而安慰我不要难过，常回来就是了。

作者与母亲在居仁巷

　　第二年春节还没有过完，我就奉令去了滇西边防部队，一去几个月，回来已是夏末初秋，才能投入办理接母亲的事，母亲知道来滇有期也很高兴；可怜的是人算不如"天"算，1957年那场人为的政治灾难突然涌来，把我一淹20余年，等我在1976年春有个机会回江西，母亲已经在几年前因忧虑、贫病死于河口丁家洲大妹处。盼望多年的欢乐探亲，成了悲凄的扫墓。

　　这次（2009年11月）返萍乡，从前在居仁巷与母亲、弟弟妹妹欢聚的往事又涌上了我心头。我也知道，时过55年早已人事全非，我还是想去看看那条给我留下过温馨亲情的小巷。

　　热心的萍乡市文联主席肖麦青和作家赫东军了解我这份感情，陪同我们父女在正大街附近来回询问。回答都是：早拆掉了！

　　我很失望。不过留存于我记忆中的居仁巷却永远不会消失的！

　　居仁巷已没有了，只留下个名字。

（原载于2011年3月31日《人民日报》）

记忆中的南正街

◇ 陈　菲

　　记忆中的南正街，两边店铺门前铺着又大又厚的麻石，时间久了，走的人多了，麻石表面泛光，但决不会滑倒行人。

　　萍乡立县在东吴宝鼎二年（267 年），县治设在今芦溪县芦溪镇古城（旧称古岗）。初唐武德二年（619 年），知县唐萼将县治迁至今市区所在地之后，一直未有城垣。明正德七年（1512 年），知县胡珮奉命沿萍水河始筑土城墙，后经五任知县续修。

　　明万历十二年（1584 年），御史马文炜、袁州知府陶之肖来萍乡视察，督促知县沈君校建筑砖城墙，培石基，拓马道，城墙长 918 丈 5 尺、高 1 丈 5 尺、阔 9 尺。城墙开辟四门，东向称来阳门、南向称达秀门、西向称连湘门、北向称通楚门；并开设小西门，便利民众往来；东南方向加设三道小门，为民众挑水通道，称水门；孔庙前又开辟禹门，镌刻门额，设立木栏并种植桃李，寓意桃李满天下，以振文风。翌年，知县姚一理又沿河增筑护城石堤，并写下《新创砖城增设护堤记》。

　　清代，多位知县修建城墙，直至同治九年（1870 年）最后一次修建。

芦溪古岗

抗日战争爆发后，为便于老百姓逃难，政府忍痛拆毁城墙，仅余下禹门保存至今。

古代的县城，城墙内为城，外面为郭。城内为核心区域，屋舍林立，人口密集，也就形成了街巷。据《昭萍志略》记载，萍乡城内主要街巷有：县署前凤凰池街、上街（含朝阳巷）、中街（含居仁巷、兴隆巷、义井巷）、下街（含河口巷、武营巷又称武官巷）、南门街（含叶家巷、石灰巷）、西门街（含城隍庙巷）、北门街（含升平巷又称甘家巷、阳家巷、大巷、小巷）、东城外河街、南城外小街（含无鱼巷、翟家巷）、西城外小街、小西城外书院街、北门外小街。随着时代变迁、社会发展，这些街巷方位大体未变，只是名称有所更易，便如下街称为南正街，一直延续到1949 年。

新中国成立时，我年仅 7 岁，已在萍乡小学（今萍师附小）读书。我的家位于南正街上首（即靠近市政府方向的上首），祖父系皮匠出身，开了一家制作油鞋的作坊，名曰锦福斋。旧社会的萍乡胶制雨鞋少见，下雨天人们穿的是用牛皮制作的鞋底有圆铁钉的油鞋。祖父虽是文盲，但因是南正街的老住户，对于街上的店铺商号烂熟于胸。我儿时每天晚饭后，祖父牵着我逛街，一边走一边念着商号的名字，教我认字，可以说祖父是我的启蒙老师，而我也就对南正街的商号了如指掌，如今依然记忆犹新。南正街靠萍水河一边街道的主要商号有：元康（南货店）、傅成记（中药店）、德丰厚（南货店）、豫乐春（桌碗租赁店）、马记裱纸店、聚兴堂（书纸店）、耀华（百货店）、楚记刻字店、何广发（布店）、寿春和（布店）、王树柏油鞋店、孔记五金作坊、邱宝成（金银店）、黄记布店等。这边街中有上水门巷、中水门巷、下水门巷、南门桥头。另一边街道的主要商号有：正兴（南货店）、刘盛记（布店）、闵记钟表店、绿叶（百货店）、北冰洋照相馆、胡记染布行、锦福斋（油鞋店）、曾记杂货店、胡记布行、吴记刺绣店、聚餐部（餐饮店）、余记糖果店、陈记煤气灯行、九芝堂（中药店）、罗记钟表店、文明斋（油鞋店）、黄记布店（二胡名家黄海怀的家）、邓记桌碗租赁店、杨胡子米面店、惠丰祥（南货店）、春和生（中药店）等。这边街中有河口巷、灵官庙、武营巷（又称武官巷）、孔庙、学前巷。南正街与西门街相连处不远，即有文家大屋（晚清名士文廷式祖居）。从列出的这些商号来看，可见旧时的南正街商业繁荣，行业多样。我记忆中儿时的南正街，行人来来往往、熙熙攘攘、热热闹闹，正如曾任湖南省委宣传部副部长兼《湖南日报》总编辑的傅白芦先生为我的散文集《青苔绿韵》写的序言所述："我生长于萍乡这座江南煤城中，和陈菲的尊翁同住在这小城的一条小街上，既同庚又同学，常常打打闹闹疯疯癫癫，共同度过那无知无邪的童年"，"尤其是那难忘的小街上的乒乒乓乓、叮叮当当，小手工业者的艰苦和小商贩的辛酸，还有那众多脸孔上的深深皱纹和陈菲在《祖父的手指》里描绘的粗糙和弯曲……"

记忆中的南正街，两边店铺门前铺着又大又厚的麻石，时间久了，走的人多了，麻石表面泛光，但决不会滑倒行人。每年都会撬开麻石，掏出下水阴沟中的污泥。街中央则是沙石路，刻有独轮土车的辙印。每天晨光初照，街上便有商贩挑担叫卖："水豆腐、白豆腐、盐豆腐！"这边门响了，那边门开了，三三两两出门购货。夜深人静时，商贩挑着装有炉灶的担子，敲着竹梆，来回呼唤："茶蛋、米面、米豆腐！"开夜工的人家便出门来上一碗。

儿时对南正街发生的事情印象深刻者有四：一是新春正月，各街自发组织"扎故事"表演。所谓"扎故事"，指多人抬着的木桌上站立少年儿童，身着彩衣脸上化妆，装扮成戏剧人物。数台"故事"组合成串，在街中缓缓行进。随后有老渔翁和蚌壳精，俊俏女子双手将竹篾彩纸扎制的蚌壳一开一闭，老渔翁作划桨的姿态。殿后的锣鼓敲敲打打，热热闹闹。"故事"队伍左右，有专人手持长竹片摇响，维持秩序不让其他人靠近，队伍绕城内街道巡行后方结束。二是元宵节晚上耍灯，既有城内各街的队伍，也有城外进城来表演者，种类有长龙灯、节子龙灯、茶灯、牛灯、狮灯、马灯、散灯、鱼仔灯、蚌壳灯等，有部分灯可由少年儿童或女子举着巡

老南正街

行。其中俊俏女子扮演的"茶花娘子"尤其引人注目，其他表演动作较大、难度较高的灯则由身强力壮的年轻男子掌控。夜色中的南正街，亮光闪闪，爆竹声声，隆隆铳响，阵阵喝彩，可谓是倾家出动，人头攒动，掀起过年的高潮，也画上过年的圆满句号。三是街上有人家办结婚喜事，人抬的坐着新娘的大红花轿缓缓而行，身着礼服的新郎一脸喜气相伴迈步，随后是长串的人抬人挑的嫁妆，看热闹的人立在店门口评说着；如有人家办丧事出殡，前导的人一路放爆竹撒纸钱，身着丧服手持孝棍的孝男孝女一脸悲戚。凡是有人燃放爆竹送行，孝子下跪致谢。八名汉子抬着棺材稳步行进，时有街上人过去帮忙接肩抬上一段路。还有一抬抬多种花样的祭菜，煞尾的锣鼓敲得出彩唢呐吹得悠扬。四是街上人家凡有发蒙读书者，往往都会牵着稚童去孔庙朝拜，感受文气，以增灵性，然后送往附近的萍乡小学。我就是由祖父领我入孔庙进学堂。

童年早已过去，南正街依然葱茏于我的记忆中。如今，政府改造破旧的南正街，作为一项惠民工程，打造成老城区的一处新亮点。我倍感欣喜，写下这篇文字，既怀念桑梓的旧时风情，更迎接家园的美好风光。

凤凰池

◇ 肖麦青

　　为官的做了好事，后人终会永远记得。清乾隆时萍乡人欧阳台就在诗中写道："宋代到今称几令，县人犹说郑公陂。"

　　一个动人的故事在萍乡流传了千百年：北宋宣和五年，也就是1123年，有一个名叫郑强的进士做了萍乡的知县。为官一任，造福一方。他想为萍乡人民做点实实在在的事情。

　　郑知县来萍就职不久，就发现这里有件怪事：他每每走在街头，总会看见有拄杖的盲人蹒跚走过。于是询问当地的老人，老人告诉他说，萍乡县城虽小，可县民多瞽。也就是说，县城里盲人特别多。不少人小时候两眼还亮亮的，可活着活着，突然有一天眼睛就会发红发肿，疼痛难忍，四处求医问方也无济于事，最后慢慢失去了光亮，成了睁眼瞎子。这一眼疾让县民伤透了心。

　　郑强是个为民分忧的官，听了老人这一番话，忧虑万分，心里就想着一定要治好这种眼疾，不然就对不起所辖的子民。于是四处寻医问药，以求良方，可数月过去，没有什么效果，无功而还。郑知县为此苦闷了很久。

想不到知县为民寻药的事，打动了一个懂风水的老先生。老先生寻到县衙要面见知县，说他有法子治好这种眼疾，并对郑强说出了一番道理：萍乡地形如凤，龙凤呈祥，这本是好风水，可是缺了一个重要的东西"目"。也就是说，这只"凤"少了一双明亮的眼睛，乡人多瞽，恐怕与此有关。他告诉郑知县，只要在凤形上造出"目"来，则可为乡人免此眼疾。

郑知县闻后大喜，于是依了老先生的话，率领乡人在县衙门前的空地上凿出了两口大水池，并依了萍乡的地形，称作凤凰池。凤凰有了眼睛，奇迹出现了：从这以后县城里果然再也没有患这种致人眼瞎的目疾了。凤凰池成了郑知县深得民心的"点睛"之作。

后来，池中还长出了瑞莲，开出了荷花，每到夏季荷花盛开，城里人都相邀来到凤凰池赏荷，成了萍乡人的一个喜庆的日子。郑知县为民凿池的事情，让县民们传颂了八九百年。

据史料记载，这个好心的郑知县为民做了很多好事、善事。他不但造了凤凰池，还建馆修桥，大搞水利建设。在宣和六年（1124 年）时还筑了"芦溪陂"，以此灌田五六里，化干枯的土地为肥沃丰润的良田，为老百姓造了福。后人为纪念这位亲民的知县，称这个水利工程为"郑公陂"。

郑知县不久升任广东提举，离开了萍乡。为官的做了好事，后人会永远记得。清乾隆时萍乡人欧阳台就在诗中写道："宋代到今称几令，县人犹说郑公陂。"

人们为了纪念他，还建起了郑公祠，年年祭祀。可见历代百姓对为民造福的好官是深怀感恩之心的。

正是因为如此，历代知县都将凤凰池看得很重，生怕在自己手中丢失。元代时，凤凰池一度被泥淤充塞，并被人强占。到了明万历年间，孙淳典来萍守郡，又重新恢复这两口池塘，还在池塘旁立石碑一座，镌文以示纪念。后来接任的知县常自新还在池子里重新种上了莲花，并在池旁植

凤凰池

上木护栏。荷花开时，红翠交映，煞是好看。到了清顺治年间，知县刁之裔、余土聪又重新加以疏浚。乾隆二十六年（1761 年），知县张敉将池边的木栏改为麻石护栏。可到了嘉庆年间，池旁又慢慢地建起了不少房子，把个凤凰池挤塞在其中，后任的知县看着不顺眼，一声令下，把旁边的房子全都拆了……

俗话说，画有画眼，诗有诗眼，一座城市也需有"眼"。有眼则灵则神，不然，就如同一座没有灵气、没有生气的城。

如今，萍城里仍有凤凰池，但水池终觉太小。在今天看来，也就是口小小的水塘，在城里已经不再引人注目。好在几年前，有智者又在萍城之北的横板建起了一座上千亩的大池，称为"玉湖"，成为萍乡城新的点"睛"之作。城里有此大"眼"，乡人的双目自然会更加明亮、清澈了。

这是由凤凰池生出的感受。

义井坊的传说

◇ 谭喜亮

咬破手指，在一块白布上写下血书一封，申诉自己的不白之冤，拿着血书便去县衙门前鸣冤告状。

萍乡正大街有个义井坊，那口古老的水井虽然早已没了，流传下来的故事却至今犹存。

相传宋朝年间，萍乡城内住着个颇有名气的丁秀才。秀才有个年轻的妻子，名叫秋妹。贤良方正，袅娜多姿，鸭蛋般的俊脸玉琢的鼻，明丽的眼睛像蓝悠悠的泉水井。左邻右舍亲朋族友，谁都夸他们是对好夫妻。按常理，平静的河湾根本不会有什么风浪。可是，天有不测风云，有一天，丁秀才外出做客，家中却出了大事。暮色昏黄，秋妹在家煮饭切菜，突然一个和尚从窗外路过。和尚见秋妹天生丽质，顿起不良之心，佯装化缘悄悄走进她家，四处张望见没有他人，便放下缘钵，从后面一个桶箍把秋妹抱住，欲对秋妹行非礼之事。秋妹反转脸，见是个和尚，顺手一菜刀劈在和尚额角上。和尚血流满面，双手抱头狼狈逃走，迅速消失在昏暗的夜色之中。

秋妹关门闭户胆战心惊守在家里，待丈夫回家后，便涕泪涟涟哭诉刚才发生的事情。丁秀才一边听一边恨得咬牙切齿，当听到砍伤了和尚，又高兴得大声叫好！第二天，便拿着和尚遗留下来的缘钵到县衙门报案，请严加查询。但因当时天暗，秋妹未看清恶僧面目，加上无人证，故未能追查到和尚的踪迹。

且说，那和尚受伤后连夜逃到城外的一个偏僻的小村子，躲在寺庙里调治养伤，并改名游僧，蓄发还俗，挑着个小货担经常到县城转悠，寻找机会，要报额上那一刀之恨。有一天，恰好丁秀才夫妻没有在家，他便撬开门锁，将自己那套和尚衣服放在床铺上，并留下一张纸条，上面歪歪斜斜写着四句话："一日夫妻百日恩，野果更比家果甜，有朝一日生儿女，和尚衣服作证见。"

丁秀才偕妻子欢欢喜喜回到家中，时光尚早，便进房间看书练字，无意中发现床铺上有套显眼的和尚衣服。当他看完衣服上的那张字条，顿时气得脸红脖粗青筋暴跳，将和尚衣服和字条往秋妹面前一扔，便对秋妹拳打脚踢，还骂道："若要人不知，除非己莫为。你这个贱人，你和那和尚干的好事！"

秋妹瞪大两只眼睛看那衣服那字条，突然大喊一声冤枉，便晕死在地上。不知过了多久，当她慢慢睁开眼睛，却发现自己躺在野外的一棵白果树下，身边留着丁秀才的一封休书，上面写着"在生不见面，死鬼不进屋"。

秋妹望着茫茫荒野，一时间只觉得天旋地转，决意跳进路边的河沟寻死。爬到河边，望着那清澈透明的河水，正欲投河自尽时，突然，她又改变了主意：自己一生清白无瑕，就像这河水般干净，倘若寻短见死了，背着这冤枉包袱让乡邻和后人咒骂，倒不如留着这条苦命，等待冤屈澄清之日。于是，便在白果树下盖了个小茅棚，靠种红薯和吃野果糊口。

丁秀才休妻一事很快在街坊间流传开来，和尚得到消息正中下怀，经多方打听，终于得知秋妹的住处，便请了个媒婆前去说合。媒婆去了几次，秋妹一直严加拒绝，她天天巴望的是丈夫回心转意，接她回去破镜重圆。可是，那微弱的希望却越来越微弱，就像树枝上枯黄的落叶掉在地上没有半点声响。后来，听媒婆说丁秀才又续弦娶了妻子；而改头换面的和尚经常送礼，伪装得格外正经殷勤；又想到自己一个单身女子住在野外怕人暗害，于是，便和游僧结了婚，无可奈何地苦度那非人的岁月。

那恶僧达到目的后，并没有减少他被砍伤的心头之恨，把秋妹糟蹋得不成样子。一日，恶僧大醉后吐露出当年真相及行骗过程，秋妹惊怒之下与其扭打起来，并失手杀了恶僧。之后，又咬破手指，在一块白布上写下血书一封，申诉自己的不白之冤，拿着血书便去县衙门前鸣冤告状。

那天正值端午佳节，县官正要去河边看划龙船。看见秋妹拦在轿前喊冤，便停下轿来，叫跟班的呈过血书。秋妹涕泪满面，趋步上前，哭诉着冤屈，可是无奈死无对证，于是一头扑进街边的一口水井中自尽而亡。

县官叫人从水井中捞起秋妹的尸体，又差人将其前夫丁秀才叫来，详细询问休妻的前后经过。经核实，县令决定还秋妹以清白。

丁秀才知道自己受骗上当，妻子含恨而死，气得捶胸顿足，俯在秋妹尸体上痛哭不已！县官见此情景，狠狠训斥了丁秀才一顿："你不分青红皂白，枉读诗书！如今妻子含冤饮恨，命落黄泉，本官判你三个月牢役！"

后来县令判定秋妹怒杀恶僧的行为属为民除害之义举，便将此井赞为"义井"，后人将其所在地称为"义井坊"。

（据故事大王李炳奎讲述）

南正街的"王大善人"

◇ 刘 兴

他家就在我家对面，每年春节，从初一到初七，他都在家门口发放年米，每天来领米的穷人不断，每人半升，来者不拒。

1945 年抗日战争胜利后，交通恢复，货畅其流，萍乡城又恢复了往日的繁华。

在南正街上，不到百米的距离，一连建起三栋豪宅，特别引人注目。

杨胡子米面店的老板杨发祥，以卖米面起家，用几十年积累的财富，在学前巷内建了一栋新房。其次是著名二胡演奏家黄海怀的父亲，在孔庙附近新建一栋三层楼的益丰祥布店。再其次是萍乡善人富商王干臣，在武官巷隔壁盖的王泰记布店。

这三栋楼都很新潮气派，尤其以王泰记布店面积最大、进深最长——从前到后分为四段。临街面的门面，货柜高大，店堂宽大，进去便是用木板做的两间巨大的厢房，用作仓库和柜台伙计的住房。

其中一条过道进去，便是家中的核心区——客厅和餐厅，面积很大，太师椅、八仙桌、神龛应有尽有，是王家内眷主要的活动场所。为了有充足的光线，客厅上面二三楼采取回楼的形式，直通楼顶，屋顶全部用透明瓦，阳光充足。最后段是厨房、厕所、储藏室和两间佣人的住房。二三楼上面有七八间住房，三楼临街面，建了一间佛堂，布置得金碧辉煌。

王泰记布店的老板王干臣，是江西吉安人，年轻时来到萍乡，从学徒做起，从事布匹印染销售，由于为人正直，吃苦耐劳，打拼几十年，积累了大量的财富。

他除了建了这座宅院作为经商及家人居住外，其余大部分金钱都用于公益慈善事业，如平日的修桥铺路，建吉安会馆，建吉州小学、萍乡孤儿院等。他特别慷慨，捐了不少钱财。

城内慈善机构"宣讲堂"，是王干臣每天必到的从事义工的地方。他和徐玉珊等慈善人士一起，向穷苦人发放粮米、棉衣、药材，甚至是棺木。

他家就在我家对面，每年春节，从初一到初七，他都在家门口发放年米，每天来领米的穷人不断，每人半升，来者不拒。几天之内，要发几百斤粮食。

他还很重视对百姓思想的教化工作，劝人行善。每年夏秋两季的夜晚，他都要请来"讲圣谕"的徐玉珊，在门前搭台，向群众宣讲积德行善的故事，很受大家欢迎。

由于他的种种善举，受到了当地老百姓的好评，大家都尊称他为"王大善人"。

然而，这个积德积善的好人，后来家运不畅，虽有三个儿子，但人丁并不兴旺。

大儿子和他一起经商，后来由于他一心从事公益活动，生意上的事全部在儿子肩上，正当生意红火之时，儿子却中年去世，留下一双年幼的儿女。

二儿子上进好学，在四川读大学，积极参加抗日救亡的学生运动，是组织者之一。可惜天不假年，一次心脏病发作，死在手术台上，年仅24

岁，也留下一双儿女。

三儿子在四川国民党军队当连长，长年在外不归，结婚几年没有生育儿女。

1948年，王干臣去世，丧事办得十分隆重，许多受过他接济的老百姓，从四面八方赶来，送他最后一程。

老掌柜去世后，家里仅剩下三个媳妇和四个年幼的孩子。这三个妯娌，邻居们尊称她们为大先娘、二先娘和三先娘。她们虽有厨子买菜做饭，女佣洗衣浆纱、打扫卫生，过着饭来张口，衣来伸手的生活，但并不幸福。

萍乡解放后，由于王家成分不好，房子被没收。大先娘、二先娘带着老太太和儿女们搬出这处宅院，另外租屋居住，三先娘则再嫁他人。在手工业合作化中，这座大院成了萍乡皮件合作社的门市和生产车间。

在此后的几十年中，随着房地产的发展，益丰祥布店和王泰记布店都已拆除重建居民楼，现只剩下学前巷的"杨胡子"住所，见证着萍乡城的发展。

萍乡澡堂史话

◇ 刘 兴

　　里面热气腾腾，灰蒙蒙一片，只见池内人影绰绰，不见真面目，耳边只听见哗哗的水响和谈笑声。

　　现在的人真幸福，衣食不愁，生活设施一应俱全。手机一按，不出门便可以解决生活中的各种所需。

　　而在 1949 年新中国成立前的漫长岁月中，老百姓不仅缺衣少食，居无定所，就连日常生活中洗澡这样的简单事，都长期困扰着城里人，成为一道难题。

　　夏天还好办，那些会游泳的青壮年人，都会到萍水河洗冷水澡。每天下午 4 点之后，整个河里像放了鸭子一样，你呼我叫，河里溅起片片水花，热闹得很。

　　而那些不会游泳的老年人和小孩，只有在夜深人静之时，趁着月色，三五成群，提着水桶，结伴去上水门（同乐酒楼后面）和下水门（禹门）的石板码头上，洗个溜水澡，顺便将换下的衣服洗净。离河太远的，便在附近的水井边冲凉了事。

1942 年，我家拆掉屋后十几米的一段城墙，在下面建厨房、厕所，二层用三合土建成一个不漏水的晒楼（现在叫阳台），从此家里的男人们再也不用晚上去下水门码头洗澡了。隔壁两家邻居的男人，每天晚饭后，提着水桶到我家晒楼上洗澡，都称赞我父亲做了件好事。

对于妇女们，洗澡更是件难事。即使是最大胆、最时髦的女学生，也不敢去河里游泳。妇女们洗澡禁忌很多。厨房里有灶王爷，厅堂里有财神爷和祖宗牌位，都是不能洗澡的地方，只有躲在闺房里，关上门窗，草草抹洗一下了事，因此患妇科病的人很多。

而在秋冬季节，洗澡却是个大难题。那时的气候可不像现在这么暖和，有半年的时间都要在寒冷中度过。

一到立秋，便寒风嗖嗖，如民谚所说"过了七月半，放牛仔子上田岸"。意思是说，农历七月十五一过，田里的水便冰凉冰凉的，放牛的小孩不能赤脚下田了。

白露节气有"白露不露"的俗语，此时再不能穿短衣短裤，以免受凉。寒露霜降节气一到，早上起来，只见树叶上露珠点点，结雾成水。屋面、地上铺上一层白霜，阵阵霜风刮在脸上，刺痛得很。边远山区还有"秋霜冻死狗"之俗话。

立冬一过，便是雨雪纷飞，天寒地冻，挂在屋檐下几尺长的冰凌，十天半月都不会融化。人们外出，都要穿戴着厚厚的棉衣、棉裤和帽子，双手套在袖筒里，缩着脖子，快步前行。在农村，家家有柴火房，只要在里面烧起大火，冬天洗个澡不是难事。而在城内，住房狭小，且大多是砖木结构，绝不能烧柴火，以防火灾。冬季要烤火御寒，只能烧木炭和煤。要想洗个热水澡，是件十分困难的事。因此，不少人整个冬天不洗澡，有的人只用热毛巾抹一下，造成皮肤病流行，患癞痢头和疥疮的人很多。

于是希望有一个全年都有热水澡洗的澡堂，是城内不少人的愿望。

民国 25 年（1936 年），由本地人何许、邓义元、杨松竹三人合伙创办的"三星池澡堂"应运而生。澡堂建在西大街义井坊附近（供销大厦）。从此之后，每年冬天父亲都要带我们三兄弟前去洗几次澡。

澡堂进深很长，分为三段。大门外两旁，挂着两个写着招牌名字的大灯笼，在1948年以前，萍乡城还没有电灯的年代，在晚上点上大蜡烛的灯笼很耀眼，好远都能看到。

进门去，便是一段几米长的狭窄过道，过道右边是长长的柜台，里面靠墙壁竖着一排几十个编了号的方柜子，用来放衣服。顾客在柜台交了钱，领了号牌，便到里面更衣室脱掉衣服，放在与号牌对应的衣柜里，每人发一条大毛巾，裹着身体进到中间休息室。

休息室很大，摆着十几张躺椅，供洗完澡的人和等待的人休息，待服务人员喊到自己的号码后，便进入澡堂。

长方形的澡池很大，能容十多人。里面热气腾腾，灰蒙蒙一片，只见池内人影绰绰，不见真面目，耳边只听见哗哗的水响和谈笑声。

澡堂服务周到，如搓背、修剪脚指甲、按摩，一应俱全，还有茶点供顾客选用，当然收费也不菲。

澡堂一年四季营业。冬季用热水，夏季用凉水，秋季用温水，是当地富商、读书人经常光顾之地，生意很好。

特别是每年春节前，萍乡人有洗澡过年的习俗。民谚云："腊月二十七，洗纠结；腊月二十八，洗邋遢。"意思是在这两天洗澡，能洗去过去一年中的种种烦恼不顺之事，干干净净迎接新一年的到来。

因此，在这两天来洗澡的人特别多，从早到晚顾客不断，有时还要排队等好久。

1956年，在手工业、工商业社会主义改造运动中，手工业者按行业组织合作社，而工商业则进行公私合营。因此，三星池澡堂被萍乡镇吸收，改名为萍乡镇三星池浴室，仍在原地营业。

1960年，萍乡饭店成立浴室部，将萍乡三星池浴室的所有设备和人员全部接收过来，扩建改造，池浴改为淋浴，有客位几十个。

至此，经营了20多年的城内第一家三星池澡堂退出了历史舞台。在此后的年月中，城内的企业单位都建起了浴室、洗澡间，完全是福利性质的，不收费。萍乡饭店的浴室部只有少量的客人光顾，入不敷出，只好关门大吉。

20世纪80年代，萍乡二中来了个转业军人担任副校长。此人见多识广，十分关心教职员工的生活。他见学校只有两间狭小、四面透风的男女洗澡间，还要到很远的地方提水，洗澡十分不便。于是，在他的主持下，买了锅炉、水管等设备，新建了两个在当时最豪华的男、女浴室，全部用防滑砖铺地，墙面上贴着瓷板，上面安装了十多个可调节冷热水的莲蓬头，彻底解决了全校教职工的洗澡问题。

由于是福利性质的，不收费，一些教职工的亲朋好友和附近的居民也来洗澡，使学校不堪重负。澡堂只使用了两年便将全部设备租给了一个制冰的人，成了制冰厂。老师们又回到原来那两间破旧的洗澡室洗澡了。

直到改革开放之后，城市发展，一幢幢高楼拔地而起，居室内，客厅、餐厅、厨房、卫生间兼浴室一应俱全。

浴室内装上热水器、浴霸等现代化设施，随时都可洗浴，大大方便了群众，改善了卫生习惯。与解放前城内只有一家澡堂相比，真是天壤之别。

过去千百年来历朝历代都做不到的事，在共产党的领导下，仅仅70多年，便实现了人人有所居、居有所享的奇迹。

家住安源萍水头

◇ 柳习文

萍水流经城里，好似一弯明月，又如一条碧绿的绸带，给萍城添了许多活力与风姿。

与大江大河相比，萍水河是一条很不起眼的河流，但"山不在高，有仙则名，水不在深，有龙则灵"，它已经闻名遐迩，成了一条南北皆知、小有名气的河。这是因为在 20 世纪 60 年代，一曲现代京剧唱红了它。在红得发紫的八大样板戏之一《杜鹃山》中，剧中主要人物党代表柯湘一开场就唱："家住安源萍水头……"

京腔流畅而凝重，铿锵而多情。在当时的中国，这段京剧曲子是男女老少耳熟能详的经典，很多人都可以哼唱出来。可就是这样一传唱，把条普普通通的河唱红了全中国。萍水，从此成为一条在中国现代史上有着特殊意义的河流，有意无意流淌在人们心头了。

萍乡水系地域分属长江流域的洞庭湖水系和鄱阳湖水系。全市主要河流有五条，即萍水、栗水、草水、袁水、莲水。境内主要支流有长平河、福田河、东源河、楼下河、高坑河、万龙山河、张佳坊河、金山河、大山冲河、鸭路河等。其中，萍水河无疑是萍乡的母亲河。

它的源头是禅宗圣地杨岐山，主要河道经过上栗县、安源区、湘东区，境内流域面积 1325.27 平方千米。如果算上主要支流的话，萍水河流经了全市所有县区。萍水河主要支流有三条：南坑河，发源于张佳坊乡杂溪村；麻山河，发源于莲花县六市乡杨梅山；长平河，发源于狮岭燕窝塘。

与中国许许多多河流不同，萍水河是一条"倒流"的河，从北流向西，从萍乡市湘东区荷尧镇出境到湖南，入湘江，进洞庭。而不是如大多数河流一样"一江春水向东流"。这当然是因为地势所致，但也许正是因为如此，这条河才有了自己与众不同的风骨和个性。

自古至今它就这样一路滔滔，向西流淌。由于发源于石灰岩地带，水源欠丰，水势较为平缓，很少有大波大浪。

萍水自杨岐山流出后，并不像一条浩浩荡荡的河，只是有了南坑河、麻山河和长平河三条主要支流的汇入，才越来越宽阔，越来越有些气势。一路奔流，有杨柳相伴，有美丽的村庄和丰饶的田野相随，串起了珍珠似的景色。再加上恬静委婉的柔波、河上三三两两撑着竹排或划着小舟的渔夫、缓缓旋转着的巨大的筒车，萍水河总是以单纯、质朴、安详的风姿打动着人心。鸟在水面飞翔，鱼在水底游弋，周围的一切都是那样让人心

萍水河江口段

市井风情

醉。萍水流经城里，好似一弯明月，又如一条碧绿的绸带，给萍城添了许多活力与风姿。归于湘江的萍水，历史上曾是湘赣之间一条重要的水上通道。自古以来，乡人都是依了这条主要的通道，沟通外界，并借此通商行贾，一条木船将家乡的土产运到外地，又将外地的货物运回家乡。因为有了这水，沿河几十里就变得热闹起来，萍乡城也因此而兴旺。

不说河水环绕的县城，就说离城二十里"东来千里皆吴地，西过两关是楚疆"的湘东，也因此而繁华。宋开宝年间，湘东城镇集市的发展已成规模。《昭萍志略》记载："其西怀攸里，距城二十里，街二里，临水通舟，商民二百余家。"外州商贾如过河之鲫，纷纷来此开店设铺，经营布匹、药材和小粟等商品。宋时便设驿站于此，曰"湘东驿"，后移至黄花渡，曰"黄花驿"。朱熹、黄庭坚等名人都曾行宿于湘东，并有诗句流传于世。

清乾隆年间的萍乡知县胥绳武曾这样描写萍水湘东段的风情：

湘东水长好撑篙，渡口船排半里遥。

各取小红旗子褂，客来争问买鱼苗。

正是这条特殊的通道，在中国近代工业史上，承载了人们太多的希望，同时也写下了一段动人的华章。当年，在株萍铁路修通之前，萍乡的煤炭正是从萍水河这条并不宽阔的河流，经湖南醴陵再运到湘江，最后入长江运达汉阳铁厂。

一时间，河水沸腾了起来，过去只是行走小渔船的河面上，突然多了许多运煤的船只。有木船，同时也不时会驶过两三艘机器小火轮，"突突突"的机器声打破了河水往日的平静，惊飞了正立在船头的鱼鹰。在湘东、浏市、金鱼石一带，从此开设了多处码头，各种船只在这里停泊、中转。

只是，萍水河水运的兴旺自从20世纪初便慢慢衰落。随着株萍铁路的修造，原来主要是水路运煤的船运已显得无关紧要。火车的轰鸣声唤来了一个新的时代，萍水河因此一天天冷落，像一个已经完成了历史使命的老人。渐渐地，萍水恢复了往日的宁静，只剩下少许的商船和渔船从从容容地漂过。

萍水从远古流来，从近代流来，从历史的深处流来，流到现在。它的变迁，它的喜怒哀乐，它的存在所带来的文化意义，足以让人体味无穷。面对河水，两岸乡民自然会想起很多，而端午时节的龙舟竞渡，其情景更是深深印在人们的脑海，那后生打着赤膊奋力敲击的鼓点，那两排激起浪花的挥舞的木桨，那两条快速向前突进的长长的木船，还有那一声声震云天的号子……这一切都还没有远去。萍水，给了沿河农民奋发争先的舞台。

水乃生命之源，千百年来，萍水无疑给了萍乡人祖祖辈辈以幸福和安康，只有懂得报恩的人才会在它的身边默默祈祷。

只是，每一条河流都有它的另一面，萍水有时也会像一个任性的汉子，变得无羁而暴躁。每逢洪水来临的时候，河水猛涨，并不宽阔的河床终于承载不起这突如其来的重负。洪水发狂似的倾泻于两岸，倾泻于曾经养育过、滋润过的田野和村庄，淹没庄稼和农舍，甚至吞没无辜的生命。

对萍水河的科学治理是近十几年的事。政府把萍水治理作为一项迫在眉睫的民心工程，制定规划，描绘蓝图，投入巨资，下定决心举全市之力，完成这个宏大的工程。治理萍水河，不仅要治理河流的水患，更要让早已衣衫褴褛的母亲河变成一条美丽、诱人的河。春去秋来，萍水河每年都在变化着。河床疏通了，河岸重筑了，高高的护河堤坚固而又平整。市民明显感觉到了萍水治理给他们带来的好处。与此同时，对萍水河的"美容工程"也在同步进行中，萍水河已经成为享誉省内外的一道城市景观。

我的南正街故事

◇ 肖磊霞

在这条街上，我恋爱结婚了，在孔庙旁的七楼有了自己的小家，在水门巷开了家小餐馆，我有了一个可爱的女儿。可奶奶不在了。

入夜，站在我家七楼的天台之上，欣赏楼下这条古朴、典雅的新南正古街，最是享受这夜的静谧。夜空下，静静的萍水河满载星辉依绕着南正街蜿蜒流淌，微风吹拂，两岸桂枝飘香，柔和月色下，幽香弥漫，让人迷恋沉醉。不远处，月光下南门古石桥映照在河面上，随着一圈一圈晕开的波光轻轻漾动，而我的思绪也随着一圈一圈晕开的波光飘回到了儿时……

那是20世纪80年代。每次奶奶说要带我去逛大街，我便欢欣雀跃跟只鸟儿似的，脑海里满是水果糖、爆米花、蝴蝶发卡、新衣服等我最喜爱的东西。大街真热闹，商铺林立，一家紧挨一家，打铁补锅修伞铺，陶瓷油画炒货店，布店书店药店等不一而足，各种各样的商品摆满街道两旁，琳琅满目，应有尽有。街道上人头攒动拥挤不堪，却个个兴奋欣喜。

奶奶总是紧紧地牵着我在人群中穿挤。她告诉我，这条街叫南正街，因为热闹繁华，又被称作"香港街"。它长约 800 米、宽约 6 米，是萍乡最古老也是最繁华的老街，有着 1000 多年的悠久历史，是这座城市最初的人文地貌。这里原本有着一条上千年的古城墙依萍水河而建，却在漫长岁月里逐渐消失了，唯有禹门——清代修建的低矮斑驳的城门，隐匿在依水而建的居民楼中。禹门对面是清朝时期修建的孔庙，是我们江西保存最完整的孔庙。奶奶曾是小学语文老师，说到孔庙孔子时眼里都是敬重。

老城墙

有一次奶奶给我买我最爱的糖果，又买些生活必需品，最后来到一家小布店，要买块布给我做新衣裳。可明明来时街北边的那家布店更大布的颜色花样更多，她却来这小店，我不明白。有一次，或许是累了，奶奶靠着布店门口的一个小木墩子上坐了下来，把我抱在怀里。她告诉我，这布店的隔壁药店原先叫春和生药店，就是她出生成长的地方。

我望着奶奶，却像在听爷爷的小广播里的故事一般：春和生药店是解放前萍乡五大药店之一，是她的爷爷在 20 世纪初创办的。高外祖善良忠厚，有四个儿女，奶奶的父亲程乐生排行老三，而他的二哥程海存是位中共地下党员，曾带领着兄弟姊妹四人将药店作为赣西采运处，为当时在白色恐怖笼罩下的井冈山运送物资。在一次运送任务中二曾外公程海存因叛徒出卖被捕。敌人对他使用了各种毒刑酷具威逼利诱审问他，皆无果，最后在反动派罪恶的枪口下，他倒在了他挚爱的家乡土地上。在这次事件中他的父母弟妹皆被关进牢房，五天后他的父母和妹妹被放了出来，次年 2

月弟弟程乐生才在被罚款 3000 银圆后释放。而春和生药店被查封，所有财产被洗劫一空。他的父母哀伤成疾，不久相继离世，兄妹几人走的走散的散。后来我的曾外公程乐生一人将药店苦苦独撑下来。新中国成立后，曾外公响应政府公私合营的号召，携妻女和两个小外孙离开了药店，从此"春和生"成了家族的记忆。奶奶说到这儿眼里带着朦胧的水雾，她站起来拿着所买的东西，牵着我默默地离开了大街，路上再没说过话了。

我记起奶奶曾带我去过安源纪念馆，在馆内墙上一幅画像前她表情肃穆凝重，眼里噙着泪花，对着画像深深地鞠躬，画像上赫然写着"中国共产党党员程海存牺牲于 1932 年 6 月 17 日，时年 32 岁"。

岁月飞逝，昔日经常穿梭在南正街的小女孩长大了。在这条街上，我恋爱结婚了，在孔庙旁的七楼有了自己的小家，在水门巷开了家小餐馆，我有了一个可爱的女儿。可奶奶不在了。

女儿渐渐长大。这座百年老街却随着城市的北移扩建逐渐消失了昔日的繁华，变得冷清、萧条、破败不堪。

水门巷里，我家的小店在一栋两层楼的楼下，上面早已人去楼空。因风雨侵蚀年久失修，窗叶飘零，在风雨中砰砰作响，总是让我揪心害怕，担心哪天被风刮落下的窗户玻璃砸着孩子或路人，还有时常剥落的墙体、坠落的瓦片、飘落的电线。楼上屋顶像开了一个个天窗，雨天楼内积满了水，楼下小店便像水帘洞，每次都要用十几个盆子接水。一天晚上，一根 5 米长的排水管道脱落，直砸在对面三楼窗户上，吓得正在里面酣睡的李奶奶生生住了半个月医院。整个南正街皆是如此，甚至更严重。其间政府派人来修葺过，可此时的南正街就像位衣衫褴褛极度虚弱的老人，无力地躺在萍水河边痛苦地呻吟，臭味霉味熏人，苍蝇无处不在。曾经热闹繁华明珠一般璀璨的南正街，沦为城市的疮疤。街内该走的都走了，留下的是几代南正街人的无奈。

早在十几年前一些墙上写着大大的"拆"字，可一年一年被搁置，南

千喜宴

正街人一年一年，从翘首期盼到心生失望，政府难道已将这儿淡忘?

2015 年寒冬刚过，小店门前墙角处有块小小的泥地，微微露出了嫩黄，似小雏鸟鹅黄的嘴，我知道，这是微醺的春意悄然来报到。那段日子街内不时来几个人，拿着三脚架照相机在那拍着什么写着什么，过后便消失了。旧巷老城，来几个人再正常不过。

谁都不曾想到南正街的春天真的来了，南正街人终于迎来了大拆迁，大家无不奔走相告!消息来得太突然了，所有人激动、狂喜——政府没有忘却我们!

欣喜之余是深深的留恋和不舍。这是南正街几代人出生成长工作的地方啊，里面承载了我们太多的悲欢过往。在各方支持下，南正街举办了浩浩荡荡的"千喜宴"。在这条街上，人们载歌载舞，曾经的老艺人也各显身手各种展示，宴席似长龙，从街头摆到了巷尾。街坊邻里们不论以前相交深浅，是否有过误会口角，都相互拥抱、告别，祝福大家都能住上明亮楼房，祝福南正街重现昔日的繁华璀璨!

宴席过后，我绕着南正街转了一圈，最后来到了奶奶带我买布的那家小布店所在地站了很久很久……

一晃四年过去了。清晨，我拉开窗帘打开窗户，一轮旭日从云层里跳出，喷薄而出的朝阳将崭新的南正古街镀上了淡淡的金色。薄雾微起，将那碧水石桥那青砖黛瓦那亭台楼阁都笼罩在了朦胧诗意里。古朴、典雅、有着数百年厚重历史文化的南正街此刻美得不可描述！

白天，漫步于萍水广场，看那古庙圣殿迎河风习习，文廷式书院书韵飘香，听上一曲黄海怀的《赛马》；或当夜幕降临，南正街千家亮起的灯火，一排排一簇簇似水晶般串起整座古城时，在这里来一份地道的萍乡美食——无论是搓菜炒粉、香辣田螺、五花烧烤，还是点几份家常小菜，和朋友唠家常聊时事，一个萍乡人的幸福与骄傲便油然而生。

我，一个普通的南正街人确信：南正街，正迎来一个全新的时代。

"甜蜜"的民间技艺

◇ 林　巧　程　佳

　　糖画艺人作画的工具异常简单，铁勺似笔，糖浆似墨，起势一拉，再回一撇，勾线画足，糖和大理石画板随即分离。

　　以铜勺为笔、以糖浆作墨，在糖画艺人方泉手里，凝神运腕，提顿放收之间，寥寥几"笔"，缕缕糖丝飘下，栩栩如生的糖画便呈现在人们的眼前。

　　64岁的方泉是萍乡安源八一街的一位糖画手艺人，老家在湖北黄陂罗汉镇，18岁的时候便跟着身怀绝技的师傅张金瑞学艺，和师傅挑着担子一路卖糖画到萍乡，至今从事糖画事业40余年，是糖画手工艺的第二代传承人。方泉毕生的梦想就是把糖画文化传承下去，让糖画继续散发迷人的味道，不让技艺成为"记忆"。

　　糖画是一门传承数百年的民间艺术，糖画艺人作画的工具异常简单，铁勺似笔，糖浆似墨，起势一拉，再回一撇，勾线画足，糖和大理石画板随即分离。糖画和绘画不一样，作糖画的人是没有底稿的，全凭一双手，看似雕虫小技，实则需要烂熟于心的实践操作，当造型完成后，趁热粘上

糖 画

一根竹签，随即用小铲刀将糖画铲起，便大功告成。

糖画除了传承，还要进行创新，与时俱进。作品 3D 立体糖画孔雀开屏，是方泉在一次旅游中受到启发而创作的。去年的暑期，方泉一家人来到广州黄龙野生动物园游玩，她看到了孔雀开屏。那漂亮的尾巴就像慢慢散开的彩扇，又像透明的珍珠撒在它身上，此情此景，让她情不自禁想要把这一刻记录下来。

方泉不仅是一位糖画传承人，更有着满腔的爱国情怀。2008 年喜迎北京奥运会，她花了两天时间画下奥运的 35 个体育图标，极其壮观，被多家媒体争相报道。在全国抗击新冠肺炎疫情之际，她一连画出了几十个抗疫作品，还画出了"十四五"规划飞速发展的美好愿景。

华灯初上，古色古香的南正街宛如一幅画卷。她放下挑子，支起摊子，周围一片欢声笑语。对方泉而言，糖画是赚钱养家、安身立命的本事，正是靠着这份甜蜜事业，她度过了最艰难的日子。"以前，糖画是小孩子的最爱，需要靠它来补贴家用。现在的糖画被作为一项民间艺术受到重视，得到越来越多人的认可和关注，糖画艺人的地位也日益提升，这更加坚定了我继续干下去的信心。"方泉表示。

弦歌不辍，薪火相传。现今，糖画艺人方泉六岁的小孙女也学会了画糖画。

萍乡民间绘画

用画笔留住乡愁

◇ 龚　婷

　　这些老房子代表着我们的历史，代表着我们的乡愁。我希望用画笔再现南正街的风情面貌，让南正街永远留在我们心中。

　　繁华热闹的南正街，古石桥、旧岗亭、老字号……一处处昭萍旧景，勾起了许多人内心深处的记忆，浸润着浓浓的乡愁。

　　这些绘画作品的作者文全林，是一位年届古稀的退休工人。多年来，他用画笔记录生活，为自己，也为众多萍乡人留住乡愁。

　　文全林祖籍湖南醴陵，幼年时随父亲来到萍乡，在萍乡生活了数十年，算得上地道的萍乡人。

　　"父亲是一名染布匠，当年挑着一担箩筐，我坐在一头，另一头装着染料和染布工具，凭借着手艺，从醴陵一路走到萍乡。"回忆起幼时的经历，文全林笑容温和而略显惆怅，"来到萍乡后，父亲进了市棉纺织厂工作，我们就在南正街定居下来。我现在都还记得，父亲经常在清澈的萍水河里漂洗染过的布料，然后晾晒在河中的沙洲上。"

　　在当时萍乡最繁华的南正街，文全林度过了无忧无虑的童年和懵懂的少年时代。初中毕业恰逢"文革"时期，他响应"知识青年上山下乡"的号召，进入江西建设兵团，当了五年"生产兵"。由于从小爱好画画，在上山下乡期间他也没有放下画笔。在劳动之余，一有闲暇就拿起纸笔练习画画。画人物，画花鸟，画风景，写生……因为画画，艰苦的生产兵团生活多了许多乐趣。

1975 年从建设兵团回到萍乡后，文全林进入市棉纺织厂漂染车间当了一名工人。20 世纪 80 年代初，市棉纺织厂分为毛巾厂和织布厂两家企业，文全林因美术功底不错，被安排在市毛巾厂负责花型设计。20 世纪 90 年代末又经历了企业改制，他作为技术人员继续在改制后的企业担任美工，直到 2009 年退休。

工作期间，为了提高专业水平，文全林参加了美术和包装装潢专业的函授，跟着萍乡的几位美术家，如朱照林老师，学习素描和造型艺术。退休后，他随女儿客居深圳，报读了当地的老年大学美术专业，并经常和当地美术摄影爱好者一道外出采风写生。如今，他不仅是萍乡市美术家协会会员、安源区美术家协会副秘书长，还是深圳南岭书画协会副会长。他的书画作品多次在各级各类比赛和展览中获奖、展出。

2016 年自深圳返萍后，看到萍乡城乡面貌日新月异，他既感到高兴，又有一丝感怀：老萍乡的一些景物再也难觅踪迹了。尤其是得知生活了数十年的南正街将进行改造后，他更是在期待中有一丝感伤。如何留下老萍乡的印记，留住浓浓的乡愁？对文全林来说，唯一的也是最好的方式，莫过于用手中的画笔，把那些旧景旧物描绘下来。

于是，他开始在萍乡各地写生，并对比以前拍下的老照片，用速写的方式复原那些能代表老萍乡的景物。徒步安源，画下安源路矿工人运动纪念馆、安源工人夜校、总平巷、盛公祠以及安源的老屋、古樟树等"安源文化历史名片"；走进厂矿，画下安源煤矿、安源洗煤楼、安源钢铁厂等萍乡工业发展代表性企业的旧景新貌；走遍城郊，画下如愿塔、长潭渡

萍实桥翻建

南门桥

黄海怀故居

南正街陈记布庄

口、善洲桥、安源大剧院等古今昭萍代表性景物；徜徉南正街，循着记忆中的画面，细细描摹禹门、黄海怀旧居、古石桥、布店等，再现当年的繁华盛景……

"我从深圳回来后，看见南正街正在拆迁，感觉我们曾经生活在此多年的老街即将消失，就拿起画本把一些老房子画下来，并拍摄了部分老房子。"说起南正街，文全林满是回忆，"在萍乡还有很多这样的老房子，随着城市变迁，高楼大厦拔地而起，老房子渐渐被遗忘，或者被取代。但这些老房子代表着我们的历史，代表着我们的乡愁。我希望用画笔再现南正街的风情面貌，让南正街永远留在我们心中。"

古街新生

萍乡
南正街

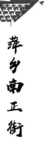

见证南正街的改建

◇ 张学龙

在波波的打更声中，在通通的击鼓声中，在嘚嘚的马蹄声里，在灯笼烛光的照亮下，以纸笔墨砚和刀枪棍棒，书写着一段又一段萍乡的历史。

南正街是旧时县衙前正大街的南段。作为南正街改建工程"文化顾问组"三顾问之一，我见证了这条千年古街的改建与新生。

正大街得以形成，全由居中的萍乡政治、经济、文化、军事中心——老县衙衍生而至。县衙坐落于凤凰池，背北面南，街道向左延至北门桥，向右延至南门桥。街道亲历了赣西重镇1000多年的沧桑变化，承载了由简到繁、由初始至兴旺的全过程。真可谓一条南正街，千年萍乡史。

三国吴孙皓宝鼎二年（266年）萍乡设县，县衙初始设于芦溪。至唐朝，政治、经济、文化、军事中心西移，县治由芦溪迁至凤凰池。县治选择此处，想必风水先生做过反复踏勘。此地背靠秀美的五凤岭，面对奔流不息的萍水河，形成坐北朝南、依山傍水的中国传统建筑向至，预示未来的安稳与吉祥。《昭萍志略》说："五凤岭在县治后，五岗轩起，势如五凤展翅。"既然城北有成群凤凰驭风而至，那么县衙正对的山头成为迎接凤凰到达之地，就成了理所当然。于是，那山就以迎凤岭得名。

宋宣和年间，萍乡不少人患眼疾，县令郑强很着急，认为这是凤凰缺少眼睛之故。于是他令衙役在县衙左右各掘一个大水池，名为"凤凰池"，种上莲花。说来也怪，不久患眼疾者痊愈，随之瑞莲怒放于两大水池中，引来不少文人墨客为之歌唱。

宋大中祥符戊申元年（1008年），萍乡辖户22722个，人口51148员。后经明万历新政，从福建、广东的海边大量移民进来，萍乡人增至118092口。再经清康乾盛世，尤其晚清安源煤矿和株萍铁路的建成，湖南、湖北人等大量迁入，到宣统三年（1911年），户达100192个，人口达500893。晚清前的萍乡县地广人稀，边远山区的人几乎还在茹毛饮血，人口自生自灭，加上行政管理十分简单、粗放，全县领取官俸的公务人员也就120位左右。清朝之前官吏更少。就是这些县令、县丞、主簿、典史、县尉、监税、教谕、衙役人等和历代萍乡民众，在波波的打更声中，在通通的击鼓声中，在嘚嘚的马蹄声里，在灯笼烛光的照亮下，以纸笔墨砚和刀枪棍棒，书写着一段又一段萍乡的历史。

曾记得，唐代文学家韩愈从广东潮州移任袁州（宜春）刺史，由湖南醴陵途经萍乡，在参观楚王庙后，于凤凰池内写下一篇七绝《楚昭王庙》，以记取自己的雪泥鸿爪和萍乡的悠久历史，诗道："邱愤满目衣冠尽，城阙连云草树荒。犹有国人忆旧德，一间茅屋祀昭王。"韩愈这一作品，为楚昭王曾到过萍乡，并在此得了萍实做了有力的注脚。萍乡人为纪念楚昭王，建屋纪念他，尽管房顶盖的是茅草，但对于还处在封闭蛮荒的唐朝前的萍乡，已经是不错的祭祀场所。那时"凤凰池"（县衙）还在草创，即使到了1130年，金兵从长沙攻入萍乡，"县治遭贼劫，翳为丘墟"，简陋的"凤凰池"被捣毁过一遍，逼得县令拎着藤条箱在庙里办公。1130至1137年的八年时间里，竟然换过27个县令。

曾记得北宋年间，与苏轼比肩的大文人黄庭坚贬谪黔州，九年后返回江西，已是满脸憔悴，一头白发。他经过萍乡时，来探望在此任知县的哥哥黄大临，黄大临在凤凰池迎接了他，并留他小住了半个月。黄大临用心良苦，他让弟弟与热情好客的萍乡人零距离接触，以抚慰他的心灰意冷和疲惫不堪的身心。哥哥的体贴与关爱，使弟弟很快消除了心头的块垒和伤痛。黄大临在萍乡执政做官的尽心竭力，对百姓的体贴入微，一直遭到上司的责怪，认为他威猛不足，宽厚有余。可黄大临毫不在意，认为皇上任用他，无非希望他在这里好好安抚百姓，如果他以威猛手段来统治，将使百姓以他为敌，其结果将与皇上的愿望背道而驰，而引发一方的动乱与不安。黄庭坚对哥哥的做法大加赞赏，离开萍乡前，专为哥哥在凤凰池新建的书斋写下《唯实轩记》，以他的锦绣文章极力推崇哥哥的做官理念。

曾记得，明万历年间，县令陆世绩为使萍乡子弟在科举考试中"掇大魁、占鳌头"，在城南萍水河中建起占鳌书院，以利培养萍乡子弟，由此开启了萍乡建书院、兴教育的风气。"都人士群诵习其间，一时发名成业，瑰奇卓荦之英，后先相辉映"。"三科五解元，春色文章增瑞气；一县两主考，金门凤诰培天颜"，说的就是萍乡在清朝时引起全国瞩目的大好景象。那种"人文蔚起"的好学上进之风，一直延续到今天。

曾记得，清乾隆四十九年五月二十一日，"蛟起坏田宅，东境（芦溪）死者甚众。"县令胥绳武五天五夜昼夜兼程，策马从南昌赶回萍乡，面对洪魔肆虐的特大灾情，他果决打开长平仓放粮，并于凤凰池内挑灯夜书，将灾情火速上报，请求紧急拨发钱物救济百姓，文章"直言无粉饰，披沥为民艰"，最终使众多灾民走出了水深火热。百姓为此感恩他，当他"因被他事牵"而"解官辞署出"时，满街都是"民意仍拳拳"的泪水。

曾记得，1896年，文廷式因维新变法触怒慈禧，被罢官回乡。开明的知县顾家相不怕牵连，在凤凰池与文廷式朝夕相处，并鼎力相助文廷式把经营煤炭的"广泰福"商号做大做强。后来，他和文廷式一道，戴着乡人送给的"开门揖贼"的帽子，为让邮传大臣盛宣怀入萍乡，招商引资建安源煤矿和株萍铁路，苦口婆心做工作，呕心沥血排阻力，最终打消了人们怕"开矿坏风水""修路断龙脉"的顾虑，成功让路、矿落户萍乡，使东方最大矿厂联合实业汉冶萍公司在上海雄立。路矿的建立，大大缩短了蛮荒之地萍乡与先进世界接轨的时间与距离。从此，"开拓进取""敢为人先"便成了萍乡人的符号。

曾记得，光绪三十二年（1906年），同盟会缔造者之一黄兴，遥控策动"萍浏醴起义"，由于义军以萍矿工人为主体，萍乡成为当时的焦点，惊得清王朝军机处连发十二封加急电报，致两江总督端方、湖广总督张之洞、江西巡抚吴重熹和湖南巡抚岑春煊等，急调二十万大军，镇压起义，忙得县令张之锐在凤凰池里汗流浃背如陀螺般团团打转。

曾记得，中国共产党成立后的1922年，党组织派李立三来安源开办工人学校。开明的知事（北洋政府县里最高长官的称呼）范子宣在凤凰池内以对弈方式，热情接待了李立三，并爽快地以官文批准李立三在安源开办平民学校。自此，安源成为中国工人运动的策源地，赢得了培养和输出众多革命力量的"东方小莫斯科"的称号。安源大罢工"不伤一人，不败一事"，除我党领袖非常注意斗争策略，工人们团结一心听从指挥外，与范知事的性情温和富有同情工人之心不无关系。

……

1000多年过去了，如果把凤凰池比作一艘舰船，那么民众就是载船的水，唐宋元明清民国新中国，萍乡县治门庭的先后取而代之，绝对不是舟的不幸，而是水的有意。一些官员被历史所唾弃，也不是凤凰池厚此薄彼，而是老百姓心中有杆孰忠孰奸、谁善谁恶、谁廉谁贪的公平之秤。历史无情，但也有义，人在做，天在看，青史上一笔一画记载着清官能臣的伟岸，耻辱柱上也同样钉死了污吏贪官的猥琐。

在中国共产党的领导下，新中国成立70多年来，赣西重镇萍乡发生

古街新生

了翻天覆地、突飞猛进的变化，到 2012 年，萍乡城范围增至 50 平方公里，城市人口激增至 50 多万之众。行政中心对社会的管理愈加科学细致，使得办公地点已无法容纳下所有部门需要。正大街也随着社会的日新月异和人民群众生产生活水平的快速提高，无法满足生产生活用品展示和销售所需。行政中心易地新建后，南正街在保留原有老字号地名、商铺等的基础上，重新修建已经迫在眉睫。于是，在 2016 年行政中心搬迁之后，正大街南段的改造就破土动工。

在这里，作为文化顾问，我不能把整个南正街改造工程的文化内涵改建的项目作全部介绍，只能撷取其中一两件事作一回顾。

文化组秉承既要对得起历史，又要无愧于当下和将来的工作态度，从整条街所涉及的文化艺术项目，从构图塑像、建筑用材、颜色选用、字体采取、工艺繁简等，均作了反复认真的研究和论证。有时还与设计施工方发生观念上的碰撞，甚至连顾问组内部也产生过激烈的认知争论。我们的用意很明显，就是想把古街建设好。

比方，给萍乡傩面展示馆冠名一事，远实说萍乡傩三样东西齐全，全国没有，得起个好名字。文安认为，这是三件宝物，就叫萍乡三宝。我认为这名不够大气、响亮，既然是全国没有的三样稀世之物，何不叫萍傩国宝？而参加讨论会的该工程总经理谭礼萍觉得，萍字在国字之前不太合适，建议起国宝萍傩。远实听后双手击案，一锤定音说，就冠这个名字。

再比方，冠名"通天接地"的戏台墙的砖雕，刚开始由湖南某单位绘画，由于作者不懂萍乡风俗，不接萍乡地气，水准低下，谬误百出，文化组一再指正要其修改，但囿于多方原因，始终没有获得应有的改良。激愤的远实当即建议，请萍乡当地资深画家皮克与李志刚联手创作，结果一气呵成。画稿一经拿出，提供给承担雕刻任务的安徽歙县砖雕研究所所长吴正辉先生，得到吴先生高度认可。后来的砖雕，就照着这个"葫芦"画了"瓢"。

南正街街头雕塑

再比如，新街上放置的几组反映萍乡风土人情的雕塑，初时市城投公司负责人组织我们顾问组三人，前往西安美术学院，对他们设计出的初稿进行了认真审定，帮他们指出许多瑕疵和不足，对于个别作品，干脆建议他们整体推倒，重新设计。虽然无情，但设计者也心服口服。

还比如，南正街房屋用砖。刚开始有人认为修旧如旧，得用本地瓷土烧制的白砖，而白砖又必须用柴火烧制。可是这种人工制作、柴火烧制的本地窑砖，虽然古朴，符合当时模样，但经反复计算，近百万块砖需要毁掉近千亩田地取泥土，需要花费大量人力投入制作，而且柴火烧制窑砖时，因火力不足或不均衡，烧出的砖有的可能烧过，有的可能半生不熟，而且手工制砖尺寸极难掌握，砌墙时将凹凸不平。这种砖过去建一层房可能行，建高层则存在巨大安全隐患。这种既减少耕地面积又损害生态环境、既劳民伤财又遗下安全隐患的事情，已经不符合当代人的建设理念。于是，经过反复争论、研究，最后确定选取外地"再生土"机制的、由天然气烧出的青砖。

而今的南正街，依旧是青砖黛瓦、古色古香，依旧与青翠山岭、蜿蜒萍水相依相伴；街巷间承载的昭萍文化，也依旧如相伴千年的萍水河，生生不息，奔腾向前。

凤凰涅槃，只为归来更光耀

◇ 汤　丹

如果说，过去是南正街成就了萍乡，那么当下的萍乡，正因为这张涅槃重生的城市名片而变得更加美丽动人。

民有所呼，必有所应，南正街迎来涅槃重生

一条老街，影射一座城市，留下斑驳记忆。南正街是萍乡城市的延伸，承载着过去的历史，肩负着当下的重托，守护着未来的气质。

然而，随着时代的变迁和城区的北移，南正街的地位和作用逐日下降：林立的低矮危房，消失的匆匆南北客，惨淡经营的零星店铺……曾经的辉煌黯然，曾经的地标不再，南正街反而成了典型的危旧房集中区，成为萍乡对外展示城市形象的一道"硬伤"。

在这块古老的土地上，只有如凤凰涅槃般浴火重生的新南正街才能拥有最美好的明天。

早在 1996 年，萍乡市便开始酝酿对南正街进行改造，但出于种种原

因，计划被一次次搁浅。

时光荏苒。随着城市发展的日新月异，政府与民间高度契合的愿景使得南正街改造势在必行。为顺应人民群众对美好生活的向往，进一步完善城市功能，改善城市环境，2015 年，市委市政府果断决策，作出了"把南正街打造成为我市历史文化街区、城市防洪水系景观带、畅通交通要道和城市绿色休闲大道"的重大决定，斥资 22.5 亿元的南正街综合改造项目正式拉开帷幕。

由沉寂变得喧闹的南正街，演绎出一个个领导垂范、创新突破、比拼效率的精彩故事。

为加快重点民生工程建设步伐，主要领导亲力亲为，相关部门同步发力。200 万萍乡市民的期盼和呼声没有落空，这条百年老街迎来了涅槃重生。

前瞻规划，绘就蓝图，重塑古街历史风采

家住南正街附近的刘先生，从听闻南正街即将改造之时，就通过微信密切关注进展，甚至形成了每天都要透过窗外看工人作业的习惯，"期待通

老南门桥与南正街

过南正街改造，让我们的生活和娱乐环境得到质的改善。"

为让南正街更符合如市民刘先生一般众多群众的需求，南正街始终坚持高起点规划，注重规划前瞻性。在实施规划编制工作前，我市组织相关部门和社会群众对参与招标的三家竞标单位进行投票，充分征求公众意见。最终，同济大学建筑设计研究院（集团）有限公司夺得头魁。在规划编制工作过程中，邀请规划建设领域专家、北京的雕塑专家和我市学术界知名人士等参与规划编制和评审论证，把一流团队和专业力量吸纳到南正街规划编制中来。2016 年，在市民殷切的期盼中，南正街棚户区改造项目修建性详细规划出炉。

按照规划，南正街总长 880 米，总用地面积约为 6 万平方米，绿化率为 25.77%，地下车位 490 多个。项目定位为展现历史文化、提供市民休闲的城市开放空间，创造最萍乡的绿色历史文化商业街区。

规划结构为"两心、三轴、一带、五片区、多节点"，"两心"即孔庙广场、萍水广场两个核心，"三轴"为文化轴、孔庙历史文化轴、民俗商业轴，"一带"为沿萍水河西岸的滨水景观带，"五片区"为孔庙保护区、孔庙延展区、文创市集区、曲艺民俗区与老字号商业街区，"多节点"即西入口、东入口、北入口、凤凰池、上谕亭等多节点。

建成后的南正街根据"保护与重生"的原则，围绕"乡愁"这一核心主体，重点保留萍乡孔庙、萍城桥、亨泰桥和禹门等历史老街建筑，将历史老街、城墙与凤凰池等风貌重现在世人面前。以萍乡历史故事情节贯穿整个街区，集儒家和市井文化于一体，昭萍拾光、萍城浮梦、市井百年、滨水景观四个功能业态分区，建筑风貌以明清赣西民居为主，融入现代建筑，同时引入海绵城市建设理念，最大限度将历史与现代相结合，打造具有深厚历史文化底蕴的旅游、休闲、购物特色街区。

蓝图绘就，南正街从顶层设计阶段迅速转向实质性拆迁阶段。作为萍乡建市以来体量最大（涉及房屋征收 14 万平方米）、涉及人员最多（涉及

1400 余户）、问题最复杂（矛盾突出，群众诉求多样）的棚户区改造项目，做到和谐征收、和谐拆迁，搬迁户自发举办"千人宴"以表庆贺。

2017 年 7 月 17 日，萍乡城区有史以来规模最大、难度最大的旧城改造项目——南正街综合改造项目正式奠基开工，南正街又很快形成了塔吊林立、如火如荼的建设局面。

功在当代，利在千秋，匠心打造精品工程

战鼓擂响催奋进，号角催征谱新篇。

文化是南正街的灵魂及精华，为最大限度再现萍乡老街历史风貌，南正街在建设中尽量做到"保护与重生"历史建筑。据项目负责人廖熙宇介绍，仿古建筑群考验着规划者和建设者的智慧和能力。建筑风格都是从上栗县、芦溪县等地采风得来，砖雕也全部由非物质文化遗产传承人手工雕刻。有的建筑墙体为"两眠一斗"结构，要求砂浆厚度须保持一致，不能有通缝。"比盖新楼还费劲。"廖熙宇笑着补充。

值得一提的是，和孔庙、禹门一样能体现萍乡浓郁地方特色的，还有伫立在街区的三座牌坊，烈日下的牌坊气势宏伟，楹联庄重隽永，让人肃然起敬。

说到南正街里的萍乡元素，廖熙宇娓娓道来："功能业态分区集聚了萍乡人文特征。如主要展示文化的昭萍拾光区，以孔庙为中心，增加文廷式书院，西入口广场设计'硕儒鸿彦'景墙以展示萍乡之文风。广场以'杏坛讲学'地雕、'六经''六艺'景墙为载体展示儒家文化。展示曲艺的萍城浮梦区，以萍城会馆为核心，结合黄海怀琴行，将萍水广场融入吴楚文化，通过萍城会馆构建戏台，设计傩面雕塑、傩面景墙等凸显傩文化。展示市井文化的市井百年区将结合旅游发展的需要，体现萍乡的商业记忆，提升老街区的商业品质，勾勒民国时期南正街的地图缩影，原址重

现凤凰池当年的场景。"

廖熙宇介绍，古时萍乡文化发达，文人辈出，被称为"硕儒鸿彦之地"，与萍乡文庙（学宫）的兴旺不无关系。作为萍乡保存得最好的古建筑，孔庙之于萍乡，有着极为特殊的文化意义。为做好孔庙的保护措施，市城投公司在建设中延续孔庙轴线，并将孔庙轴线延伸，增设儒林广场、泮池，体现古代礼仪。同时，设定建设控制地带，该范围内房屋建设须与孔庙、禹门的建筑风貌相协调。此外，为充分还原孔庙风貌，修缮工作严格遵守"修旧如旧"的原则，按照古建筑修缮要求，保持原结构、原材料、原工艺。施工人员充分注重对细节的把控，孔庙屋顶的瓦片全部为人工铺设，堂内地板重新按史料记载还原成菱形的形状。

孔庙对面是禹门。禹门建于明代万历年间，为老城门之一，志书有云："儒学门前筑禹门，以挹风气，其上建木栏。"禹门，取意鲤跃龙门，古时配植桃树与李树，意喻桃李满天下。为保留这座老城墙的记忆载体，建设方将原址平移约 30 米，依照清朝城墙制式，在禹门修复老城墙。同时，禹门东西两端恢复城墙，外贴旧时老墙砖，再现"古城新辉"。据廖熙宇介绍，被保留的禹门石砖全部是南正街拆迁遗留下的老砖。近前抚摸，砖面大多有坑坑洼洼的残缺，有的依然能看到雕刻的文字上带着时间的印记。

如果说保护南正街的历史文化和民俗文化，能让人们记得住乡愁、记得住历史、记得住过去，那么，城市防洪水系景观带的功能，则是南正街带给萍城人民的另一项福祉。

作为南正街四个功能分区之一，滨水景观区将滨河景观带与文化街区的建筑空间相互渗透，形成完整的绿色生态流动网络。沿岸堤建观光木栈道与亲水平台，引入海绵城市理念，种植水生植物，打破硬质景观驳岸，营造出绿色滨水空间，并为市民提供休闲生活场所。东侧用先进的理念设计台地景观，既达到防汛标准，又满足市民休闲功能需求。

古街新生

滨河水系景观带

南正街交通隧道

畅通交通要道，也是南正街综合改造项目的目的之一。为解决交通堵塞难题，整个街区的地下建设了一条长约 650 米、双向四车道的交通隧道，进一步打通萍水北路交通瓶颈，形成内循环交通系统。同时，在萍水河上有风雨景观廊桥将滨河两岸连为一体。

为更好地凸显改造后南正街的文化品位，让街区建筑风貌一致，南正街对拆迁改造区域周边的老式建筑进行了统一翻新。翻新后的房屋，与南正街建筑风貌一致，如同擦去了表面蒙着的灰尘，变得越发光彩夺目。

南正街以更优雅、更古典的姿态实现了凤凰涅槃，延续着一代又一代萍乡人的故事……

古街新生

和谐是这样创造的

——萍乡南正街棚户区改造启示录

◇ 钟　瑜　刘启红

"政府把握住了'公信力'，才能让拆迁群众变'离心力'为'向心力'，产生拆迁者与拆迁户'一二一，齐步走'的良好效果。"

拆迁难，难于上青天。

然而，这"天下第一难"的拆迁遇上萍乡市南正街棚户区改造项目，却呈现出春风拂面的盛景，拆迁户不但不为难政府，还自发组织千人长街宴，纷纷为当地政府点赞。

要知道，南正街可是萍乡市区的百年老街，商贾云集、棚户林立。自改造提上重要议事日程，谁都认为这是一块难啃的"硬骨头"。硬在哪？因为这是萍乡建市以来体量最大、涉及人员最多、问题最复杂的棚户区改造项目，征收范围包括 1410 户，征收面积达 134478 平方米。

让人喜出望外的是，发布征收拆迁动员令后的短短 3 个月时间，该项目便完成签约 1406 户，签约率 99.7%。人们不禁要问，这和谐是怎样创造出来的？它又能带给我们什么启示？

启示一：
拆迁者与拆迁户同心，是创造和谐的"压舱石"

86岁的刘桂云在南正街住了大半辈子。"早就该拆了，现在终于'动手'了。"刘桂云高兴地说。

南正街临水而建，是萍乡市历史最为悠久、积淀非常深厚的老城区，居住环境"脏、乱、差"，九成以上属于危房，被称为一道刺眼的"城市伤疤"。长期以来，当地群众要求改造南正街的期望与日俱增。

民有所呼，必有所应。从1996年以来，萍乡市开始酝酿对南正街进行改造，但在种种原因交织之下，计划被迫多次搁浅。

时光荏苒。随着萍乡城市发展的日新月异，政府与民间高度契合的愿景使得南正街旧城改造势在必行。2015年3月，萍乡市委市政府本着"关注民生民意、解决民愿民盼"的原则，以"完善城市功能，改善城市环境"为目标，重启规划推动南正街旧城改造。

开弓没有回头箭。为把这件大好事做到群众心坎上，作为承担征收拆迁工作的责任单位，安源区始终坚持一个字——"公"，即"公开、公平、公正"，一把尺子量到底，一碗水端平。为此，该区把所有政策公开、所有操作公开，将征收面积、补偿标准、补偿金额等一系列群众关心的热点、焦点、难点问题统统"晒"在阳光下。为打消拆迁户心中"政府会不会欺软怕硬、厚此薄彼"的疑虑，该区始终严守政策标准这一刚性原则、底线要求，严禁乱开口子。"政府把握住了'公信力'，才能让拆迁群众变'离心力'为'向心力'，产生拆迁者与拆迁户'一二一，齐步走'的良好效果。"安源区主要负责人评价道。

"政府和群众想到一块了，当然大家劲就能往一块使。"刘桂云由衷地说。这不，工作组上门三次，她家就爽快地签了协议。

启示二:
公共利益与个人利益双赢,是创造和谐的"生命线"

深冬的南正街,已是一片断壁残垣。废墟之外,蓝色的围挡将整个街道隔开,每隔百米便立有一块南正街改造规划图,煞是醒目。尽管冬雨袭人,仍不时有拆迁户重返故地查看进程,一股浓浓的"乡愁"在他们心中升起。

自萍乡市作出改造南正街的决定以来,南正街未来的"走向"成为广大市民特别是拆迁户的关注焦点。时任萍乡市市长掷地有声地回应各方关切:"真正还路于民、还河于民、还绿于民。"

阳光拆迁　宣传先行

"不搞商业开发""让利于民",萍乡市划定的这些"红线",给南正街棚户区改造拆迁户吃下了一颗"定心丸"。按照计划,该市力争用一年半的时间,将其打造成为历史文化街区、城市防洪水系景观带、畅通交通要道和城市绿色休闲大道。

统筹规划　人人上心

65岁的易文胜看过规划图后满心欢喜,

"看样子这里要打造成萍乡的'外滩'了。"她说，政府能想着为百姓新开辟一些公共设施，值得表扬。

除了南正街改造后"模样"让人期待，更让易文胜喜出望外的是拆迁的补偿。征收前，她把房子作价20万元挂在房产中介，一年多来无人问津。征收后，她的房子却补了50万元。这样的实惠让她笑得合不拢嘴。

凡事预则立，不预则废。萍乡市出台详细的补偿、奖励条款，保证拆迁户的利益达到最大。该市规定，项目征收范围内房屋及装修全部采取货币方式进行补偿，其补偿标准由具有相应资质的房地产价格评估机构按房地产市场价格评估确定，不得低于房屋征收决定公告之日被征收房屋类似房地产的市场价格。同时，还设立了补助和奖励机制，对在规定时间内完成签约搬迁交房的住户按先后原则给予5%至20%不等的奖励，提前签约以及整片提前搬迁的住户也能得到奖励。

启示三：
公民责任与公仆情怀"交汇"，是创造和谐的"助推器"

李国伟是南正街一家布艺店的老板。在他看来，自己祖传的这套房子如果往店面上靠，每平方米的补偿标准达到2.8万元。事实上，征收工作组最后认定他的房子为住房，补偿标准是每平方米3830元。面对如此巨大的补偿差距，李国伟并没有去争个"面红耳赤"，而是心平气和地接受了工作组的结论。"我知道政府是为老百姓做好事，那我自己吃点亏没有关系。"他动情地说，"这是政府的事，也是我们老百姓的事，我们要发扬主人翁精神，支持政府把事情做好。"

此刻，公民责任意识的自我觉醒，在南正街棚户区改造项目中得到了淋漓尽致的体现。拆迁户们的"高风亮节"，为萍乡市推动南正街改造注入了"润滑剂"。

与此同时，安源区从全区 56 个部门、单位中抽调了近千名具有丰富群众工作经验的干部，组成 44 个工作组，沉入征收拆迁一线，分片包干做好政策宣讲、困难帮扶、意见征集、问题解决等各项工作，并定下了"百姓利益为大，棚改政策惠民，向野蛮拆迁说不"的主基调。

公仆情怀弥合了干部与拆迁户的"心距"。

自项目启动后，时任萍乡市委书记和市长多次来到南正街，在充分倾听民意、了解民情后，两位党政主官一锤定音，决定把南正街棚户区改造作为全市一项重要的民生工程强力推进。时任市委书记特别提出，"要真正落实'不与民争利'，维护群众合法利益。"笔者了解到，南正街棚户区改造自确立征收范围、补偿方案、入户评估及认定以来，都按照"统一政策、统一标准、统一路径"的要求，并且充分尊重民意。此外，萍乡市在征收补偿方案中还就义务教育、下岗失业人员就业服务、最低生活保障、居民合作医疗保险等 9 个方面给予了优惠政策。

凤凰街河口下社区干部廖菊萍自加入工作组后，与自己的联系对象经常聊天，政策说得透、道理讲得通，最后高票当选为由拆迁户自发组织评定的"最美拆迁干部"。"你敬群众一分，群众就敬你一尺。你心里装着群众，群众心里也会装着你。"她感慨地说。

一枝一叶总关情。萍乡南正街棚户区改造，成就了一段和谐拆迁的佳话。

千年古街换新颜

◇ 萍乡市城市建设投资集团有限公司

夜幕降临，华灯初上，在灯饰的衬托下，南正街上一座座古色古香的建筑和精致的雕塑，林立的摊位和熙来攘往的人群，唤醒了萍乡人的古街记忆，彰显出老街的独特魅力，也让这条展露新颜的千年古街成为萍乡人民心中独具文化魅力的城市新名片。

文化是南正街的灵魂，商业是南正街的载体。如今的南正街将萍乡的历史文化、传统文化、民俗文化、地方特色和现代商业有机融合，是一个集旅游观光、文化展示、休闲购物、美食娱乐为一体的历史文化商业名街，街区占地60186.24平方米，总建筑面积40277.02平方米，商业面积22024.47平方米，总投资22.5亿元。整体交通路网由一条非机动车道串起跃进南路和八一东路，一座步行桥连接萍水河两岸……南正街已变身"南来北往""东奔西走"的交通新枢纽，全面打通老城区路网。

这条位于萍乡市中心城区的老街，在过去的数百年里一直是商贾云集的商业中心；在880米长的街道上，呈东西方向，有数百家商铺，这里承载了数百年萍乡商业文化，凝聚了1700年的历史传承，包括了萍乡古城墙、禹门、孔庙等历史文化遗址。千百年来,临水而建的南正街最得萍乡城山水、人文之精华,是萍乡水脉、文脉、人脉、财脉的汇聚地,是现存最古老的一条商业步行街。然而,随着经济社会发展,曾经繁华的街道已没有璀璨,房屋危旧、基础设施滞后、居住环境"脏乱差"、安全隐患突出等问题众多,落后于城市发展。长期以来,当地群众要求改造南正街的期望与日俱增。

民有所呼,必有所应。从 1996 年以来,萍乡市开始酝酿对南正街进行改造,但在种种原因交织之下,计划被迫多次搁浅。时光荏苒,随着城市发展的日新月异,政府与民间高度契合的愿景使得南正街旧城改造势在必行。2015 年以来,本着"关注民生民意、解决民愿民盼"的原则,坚持"为民着想、为民谋利"的初心,萍乡市委市政府以"完善城市功能,改善城市环境"为目标,重启南正街综合改造项目,并将其列入"年年有变化、三年大变样、五年新跨越"的重点项目之一。

据了解,南正街棚户区房屋征收范围南沿萍水河、西至跃进南路、北至精品街、东至迎宾路,需要拆迁的房屋和店面达 1500 余户,总拆迁面积约 14 万平方米,且人口密度大,交通状况差,危旧房集中、基础设施薄弱、安全隐患突出,实施棚户区改造势在必行。市委市政府在调研南正街棚户区改造时指出,要把南正街打造成我市历史文化街区、城市防洪水系景观带、畅通交通要道和城市绿色休闲大道,这标志着南正街棚户区改造拉开了序幕。

规划先行,出台拆迁方案。凤凰街贯彻落实市委市政府"不与民争利,让利于民"的基本方针,积极推进南正街棚户区改造房屋征拆工作。在制订征收方案时充分考量群众实际情况、尊重群众意见,尽全力从补偿、奖励等方面给予被征收户最大优惠政策,保障被征收户自身利益。开展大量细致的前期调研准备,充分吸收各方面合理意见,助推落实区委区政府出台的《萍乡市南正街棚户区改造房屋征收补偿方案(征求意见稿)》，科学合理地制定补偿方案，使方案出台做到了慎重、科学、依法。随后，依法经过评估机构报名、资格审查、被征收户投票选定等程序，选定评估公司，并根据《条例》要求与萍乡市精正测绘公司签订测量协议，同时成立了房屋建筑认定组，对"住改非"、未登记建筑及其他需认定事项进行现场勘察、测量。此外，评估、测量单位和房屋建筑认定组分别入户开展工作，工作过程做到依法依规、公平公正，并将分户初步评估报告送达被征收户，对有异议的，申请复核评估。随机对所有评估工作成果进行抽查以保证真实性，坚决杜绝"暗箱操作"，提高拆迁工作公信度。

广泛宣传，形成强大共识。房屋征收工作涉及广大拆迁户的切身利益，从摸底调查到方案出台，凤凰街全程做好各种宣传动员工作；先后组织全街机关干部进行政策、业务、方法培训两次，并编印了《致南正街棚户区改造项目扩展范围广大被征收户的一封信》《宣传手册》等宣传资料1000余份，由各征收组工作人员发放到每一位被征收人手中。为了让拆迁户充分了解相关政策，理解和支持棚改工作，每个工作组认真下到征收户家中宣讲政策，帮助拆迁户答疑解惑，并积极引导拆迁户对自身利益正确分析，帮助拆迁户算好经济账。同时利用报纸、电视台等主流媒体刊播相关拆迁新闻，强化对群众的宣传引导。

合理分工，全面展开。为全力做好南正街棚户区改造项目扩展范围房屋征收工作，凤凰街举全街之力成立6个征收工作组，通过创新拆迁工作方法，加大力度，统筹推进各项工作的开展。每个机关干部对应相应的拆迁户，分工明确，相互配合，形成了一个从上到下，层层落实的拆迁立体工作网络。在前期摸底调查中，凤凰街抽调机关干部120人，组成30个摸底调查组，深入征收户家庭，全方位了解征收房屋的区位、面积、结构及征收户的家庭状况、房屋权属等基本情况，并建立台账，装订成册。在筹备阶段，向征迁户发放《致南正街棚户区改造项目广大被征收户的一封信》《南正街棚户区改造房屋征收宣传手册》《南正街棚户区改造房屋征收与补偿实用问答》等资料 6000 余份。在征收调查公告发布后，多次上户为征收户核准数据、补充材料，并详细记录、收集每位征收户反馈的意见问题。

群众配合，进展迅速。南正街改造是一项惠民工程，为了支持萍乡的发展，大部分老百姓都很支持。南正街棚户区改造从确立征收范围、补偿方案、入户评估及认定，都按照"统一政策、统一标准、统一路径"的要求，做到"一把尺子量到底"，既不让老实人吃亏，也不让"聪明人"占便宜。此外，萍乡还制定了相关的补助和奖励政策，通过设定货币补偿补助和奖励、提前签约搬迁奖、搬迁补助费、临时安置补助费、停产停业损失补偿、联动奖、相关设施迁移补偿等，最大程度让利于民。"多重红利"的出台，大大激发了群众自主拆迁的积极性。短短三个月，南正街棚户区改造项目签约率 99.7%，拆迁户自发举办"千人长街宴"告别南正街，这是南正街棚户区改造征拆出来的和谐。

南正街新貌

繁华古街

　　狮龙跃舞，鼓乐齐鸣。在南正街重新亮相后的新春庙会上，主题灯会、民间杂技、文化展览、非遗集市、特色小吃等各项活动精彩纷呈，展现着萍城的历史韵味与时代活力。皮影戏、花锣鼓、弹棉花、糖人、剪纸等民俗摊点，民俗表演、各色美食、开心猜灯谜等活动，让市民和游客切实感受到传统文化的独特魅力，流连忘返。

　　涅槃重生的南正街，正成为一条历史文化与文旅商贸相结合的特色街，成为感受精致慢生活与都市夜生活的新街区。

后 记

　　萍乡南正街，既承载着萍乡源远流长的历史文化，又展示着当代城市的热闹繁华。它是萍乡人记忆中最馨香的一瓣，它所描绘的那些活色生香的市井画卷，让浓郁的"萍乡味儿"悠长绵延，让萍乡人的乡愁得以安放。

　　用文字为南正街的往世今生"画像"，并浓墨重彩地记录下南正街整治改建这项重要的惠民工程，很有意义，也非常必要。在市委市政府的高度重视下，市政协组织专门力量，由文化文史和学习委员会牵头，与安源区政协、市城市建设投资集团有限公司通力协作，编撰了本书。

　　本书选取的文稿题材紧扣南正街，绝大部分为萍乡本土作家、学者、记者以及来自各行各业的业余作者所作。其中一些作者就在南正街出生成长，见证了南正街的历史变迁。如年届耄耋的刘兴先生，就以自己的生活经历为蓝本，撰写了一系列"三亲"回忆文章，本书选编了他的多篇文稿。

为避免内容重复，并保持全书风格基本一致，编者酌情对部分文稿做了修改、删节、合并等编辑方面的调整。南正街历史跨度大，历史文化底蕴深厚，编辑过程中难免有遗珠之憾，期待今后再作补充。

安源区和市城市建设投资集团有限公司为南正街的重建付出了诸多努力，同时也对本书的编撰给予了大力支持，特此致谢！

在本书编撰过程中，市政协原副主席李远实、李腾勇精心指导，市委党校肖平同志、市委史志研究室李昌清同志、市档案局刘平同志、安源路矿工人运动纪念馆黄伪同志、市教育局刘肖红同志等多有贡献，在此一并致谢！

因编者水平有限，错漏之处在所难免，敬请各位方家和广大读者指正。

编　者

2021 年 8 月